Umschlagmotiv: Schloss Chenonceaux

Herausgeber: Polyglott-Redaktion
Autoren: Albert Seidel; Peter Eckerlin (Kapitel Paris)
Lektorat: Susanne Feess
Bildredaktion: Nicole Häusler
Art Direction: Illustration & Graphik Forster GmbH, Hamburg
Karten und Pläne: Thomas Willmann
Titeldesign-Konzept: V. Barl
Realisation: Studio Wolf Brannasky

Ergänzende Anregungen, für die wir jederzeit dankbar sind,
bitten wir zu richten an:
Polyglott-Verlag, Redaktion, Postfach 40 11 20, D-80711 München.
E-Mail: redaktion@polyglott.de oder PolyRed@AOL.com.

**Surfen online mit Polyglott: http://www.polyglott.de
und bei AOL unter dem Kennwort „Polyglott".**

Alle Angaben wurden sorgfältig geprüft. Dennoch kann eine Gewähr
für Vollständigkeit und Richtigkeit nicht übernommen werden.

Zeichenerklärung

❶ Information
◔ Öffnungszeiten
☏ Telefonnummer
⊟ Faxnummer
✈ Flugverbindungen
🚆 Eisenbahnverbindungen
🚌 Busverbindungen
Ⓜ Métrostation
⚠ Campingplatz
🏠 Hotel
⑤)) DZ (ohne Frühstück)
ab 600 FF
⑤) 400–850 FF
⑤ 220–380 FF
🏠 Restaurant
⑤)) Menü ab 200 FF
⑤) 150–350 FF
⑤ 110–250 FF

Routenpläne

━━①━━ Route mit Routenziffer
━━━━━ Autobahn, Schnellstraße
━━━━━ sonstige Straßen, Wege
━━━━━ Staatsgrenze, Landesgrenze
━ ━ ━ National-, Naturparksgrenze

Stadtpläne

━━━━━ Durchgangsstraße
━━━━━ sonstige Straßen
━━━━━ Fußgängerzone
━━━━━ Fußweg

Erste Auflage 1998/99

Redaktionsschluss: November 1997
© 1998 by Polyglott-Verlag Dr. Bolte KG, München
Printed in Germany
Gedruckt auf chlorfrei gebleichtem Papier
ISBN 3-493-62704-1

Polyglott-Reiseführer

Frankreich

Albert Seidel

Polyglott-Verlag München

Allgemeines

Stadtbeschreibung

Paris – Frankreich konzentriert S. 28

Mit seinen gewaltigen Großprojekten verlieh François Mitterand Paris neuen Glanz. Doch nicht nur sie lohnen immer und immer wieder eine Reise in die sich schnell verändernde französische Hauptstadt.

Routen

Route 1 — **Verwandtes Grenzland** S. 38

Durch das Elsass, durch Lothringen und die Champagne führt diese Route zu gotischen Kathedralen, in Champagnerkellereien und in die großartige Altstadt von Nancy.

Route 2 — **Auf den Spuren der Wikinger** S. 44

Von Amiens mit seiner Kathedrale geht es über die Badeorte an der Küste der Normandie zum Mont Saint-Michel, der grandiosen Gottesburg an der Grenze zur Bretagne.

Route 3 — **Frankreichs keltisches Erbe** S. 52

Von herbem Charme ist die Bretagne mit ihren jähen Felsen und weißen Stränden, den urwüchsigen Kalvarienbergen und den gewaltigen vorgeschichtlichen Steinsetzungen.

Routen

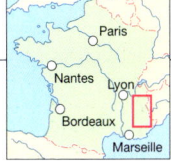

Fremde Kulturen kennen lernen und gastfreundlichen Menschen begegnen –
wie sehr genießen wir das auf Reisen. Zu Hause bei uns jedoch wird mancher
Ausländer von einer kleinen Minderheit beschimpft, bedroht und sogar
misshandelt. Alle, die in fremden Ländern Gastrecht genossen haben, tragen
hier besondere Verantwortung. Deshalb: Lassen Sie es nicht zu, dass Ausländer
diffamiert und angegriffen werden. Lassen Sie uns gemeinsam für die Würde
des Menschen einstehen.

Verlagsleitung und Mitarbeiter des Polyglott-Verlages

Editorial

Einmal wie Gott in Frankreich leben! Aus dem geflügelten Wort ist längst ein für viele leicht erfüllbarer Traum geworden und oft auch schon eine lieb gewordene Gewohnheit. Das Savoirvivre, das man an den Franzosen bewundert, um das man sie hin und wieder etwas beneidet, muss gar nicht unbedingt so teuer sein und lässt sich in groben Zügen auch während eines Urlaubs mit etwas Gespür erlernen. Als „Studienorte" empfehlen sich weniger die hochgepriesenen Nobelrestaurants sondern die Dorfgasthäuser, Fischerlokale oder die Theke einer schlichten Bar. Lässigkeit und Toleranz gehören zum Understatement. An diesen Plätzen nimmt man sich viel Zeit für den Petit café, das Tagesgericht am Mittag oder das Diner mit Apéritif und Digestif am späten Abend. Ein weiterer nicht unerheblicher Teil französischer Lebenskunst besteht darin, Dinge nicht zu wichtig zu nehmen und nicht alles Äußere auf Hochglanz zu polieren.

Franzosen sind gewöhnlich stolz auf ihr Land mit seiner historischen Vergangenheit. Und so verwundert es nicht, dass vielerorts der Pflege uralter Zeitzeugen viel Aufmerksamkeit zuteil wird. Vielerorts hat die Rückbesinnung dazu geführt, dass verlassene Dörfer, Bauernhöfe, aber auch Schlösser und Stadtpalais neue Besitzer finden, die diese Gemäuer mit viel Liebe zum Detail instandsetzen. So hält die Provinz ebenso viele, wenn nicht gar mehr und unerwartete Überraschungen bereit als die Metropole.

Dieser Reiseführer kann die Fülle des Sehenswerten nur andeuten und Neugier wecken, auf die eine oder andere Region, auf diese oder jene Stadt. Vielleicht findet mancher so sein eigenes Himmelreich auf Erden.

Der Autor

Albert Seidel sammelte seine journalistischen Erfahrungen als leitender Redakteur großer Tageszeitungen, nachdem er zuvor viele Jahre als Korrespondent für die unterschiedlichsten Publikationen in Frankreich unterwegs war.

Das Hexagon

Mit einem vernunftbestimmten Patriotismus betrachten die Franzosen gern ihr Mutterland. L'Hexagone ist es für sie, eine geographisch klar umrissene Landschaftsvielfalt. Das griffige Bild vom Sechseck klammert alles aus, was sonst noch zur Republik gehört: die Mittelmeerinsel Korsika ebenso wie die überseeischen Territorien. Das kontinentale europäische Frankreich (ohne Korsika), mit 535 285 km² gut ein Drittel größer als Deutschland, wird auf drei Seiten durch Land begrenzt, auf drei durch das Meer.

Die längste Kante verläuft vom Mittelmeer aus nordwärts durch die Alpen, über Europas höchsten Gipfel, den Mont Blanc, durch den Jura und entlang dem Oberrhein bis nach Karlsruhe. Dort biegt die Staatsgrenze Richtung Nordsee ab, die sie vorbei am Saarland, an Luxemburg und Belgien am Pas de Calais erreicht. Im Norden und Osten vollzieht sich der Übergang von einer Landschaft zur anderen fließend: Das Elsass erinnert an das Badische, die Vogesen sind das Spiegelbild des Schwarzwalds, die Ardennen die Verlängerung der Eifel, und in der Picardie setzt sich das platte Land Belgisch-Flanderns fort.

Auch die nördliche Kanalküste fällt bis zur Seine-Mündung genauso jäh in Kreideklippen und Felsnadeln ab wie das englische Gegenüber. Bei Dünkirchen beginnt diese dritte Seite des Hexagons, die über die Picardie und die Normandie bis zur Spitze der Bretagne reicht. Die satte Weidelandschaft der Basse-Normandie senkt sich zum Ärmelkanal hin, den ausgedehnte Strände und mondäne Badeorte flankieren. Am Übergang zur Bretagne liegt in einer tief ins Land greifenden Bucht mit Europas größtem Tidenhub die Klosterinsel des Mont Saint-Michel.

Von Brest in der Bretagne bis hinunter an die spanische Grenze schwingt sich die Küstenlinie über hunderte von Kilometern in einem sanften Bogen. Südlich des Mündungstrichters der Loire, die Frankreichs längster und ein noch weitgehend ungezähmter Fluss ist, zeigt diese Küste alle Formen einer vom Meer geprägten Landschaft, bevor sie zu Füßen der Pyrenäen mit traditionsreichen Seebädern wie Biarritz und St-Jean-de-Luz aufwartet. Der vielerorts alpin wirkende Höhenzug bildet die natürliche Grenze zwischen Frankreich und Spanien.

An der Mittelmeerküste, die die letzte Kante des Hexagons bildet, gehen die langen Sandstrände des Languedoc langsam in das Rhône-Delta über. Es folgen die Steilküsten des Massif des Maures und des Esterel und die jähen Abhänge der Seealpen.

Autobahnen, kühne Passstraßen, Bergund sogar ein Meerestunnel verbinden Frankreich mit seinen Nachbarn. Letztendlich führen jedoch alle Wege in die Kreidesenke des Pariser Beckens mit der Metropole. Sie zieht wie die Spinne in ihrem Netz in diesem zentralistisch regiertem Land an allen Fäden.

Klima und Reisezeit

Trotz unterschiedlicher Landschaftstypen und Höhenbereiche ist das Klima insgesamt gemäßigt. Kontinental geprägt ist es im Nordosten: Der Zustrom von Südluft aus dem Rhône-Tal und durch die Burgundische Pforte sorgt alljährlich für einen zeitigen Frühling im Elsass. Kühler ist es auf der Rückseite der Vogesen in Lothringen und der Champagne; auch in den Ardennen hält sich der Winter länger. Streng wird er regelmäßig im Jura, dem Mittelgebirge entlang der Schweizer Grenze, und im Zentralmassiv. Oft ist der Wintereinbruch mit reichem Schneefall und den von den Alpen abgeleiteten Nordwinden im Rhône-Tal besonders dramatisch. Picardie und Normandie sind bekannt für ihr gemäßigtes Meeresklima. Die Bretagne ist als Vorposten im Ozean besonders sturm- und regenreich, doch gedeiht dort dank der milden Winter in windgeschützter Lage eine mediterrane Flora. Die atlantische Südseite der bretonischen Halbinsel genießt schon weit mehr Sonnenstunden als ihre Nordküste am Kanal.

Die lange Küste Aquitaniens südlich der Loire meldet zuweilen höhere Wintertemperaturen als die Côte d'Azur. Auf den Gipfelketten der Pyrenäen und der Alpen liegt ewiger Schnee; Skiläufer sind hier bis in den Frühsommer unterwegs. Staus atlantischer Feuchtluft führen vor den Cevennen und den Seealpen im Herbst und Frühjahr häufig zu Wolkenbrüchen. Und außerdem kann bis in den Frühsommer hinein hier der Mistral mit eisigen Böen aus dem Rhône-Tal heranstürmen.

Wenn anderswo noch oder schon wieder Schnee liegt, lockt Nizza

Mit Einschränkungen liegt die beste Reisezeit für Frankreich zwischen Ostern und Oktober. Doch lockt der *Midi*, so der Begriff für den gesamten Süden, vor allem aber dessen östlichen Teil, bereits im Januar und Februar mit der Mandel- und Mimosenblüte. Wer kann, sollte seinen Urlaub nicht in die Zeit der in Frankreich kaum gestaffelten Sommerferien zwischen dem zweiten Juliwochenende und der letzten Woche des August legen. Auch zu Christi Himmelfahrt und Pfingsten füllt der Massenexodus der Einheimischen Straßen und Unterkünfte.

Natur und Umwelt

Den verschiedenen Klimaverhältnissen entsprechen die unterschiedlichen Vegetationszonen des Landes und die in ihnen heimische Tierwelt. Im Flachland und in den nördlichen Mittelgebirgen (Ardennen, Vogesen, Morvan und Jura) unterscheiden sich Flora und Fauna kaum von der mitteleuropäischen. Der Artenreichtum wird durch regionale und nationale Naturparks gezielt geschützt. Die Reservate umfassen auch besondere Landschaftsformen wie Flussmündungen, beispielsweise die

Sisteron an der Durance liegt in der Provence

der Somme, einstige Flussschleifen, etwa an der unteren Seine, Verlandungsgebiete in der Vendée, Brackwasserzonen in der Camargue, die Sandheide der Landes zwischen Bordeaux und dem Meer, die Karsthochflächen der Cevennen, die Kraterlandschaft des Cantal sowie die Brutfelsen von Seevögeln und die bevorzugten Rastplätze der Zugvögel. Als grandios dürfen die Hochgebirgsparks in den Alpen und in den Pyrenäen bezeichnet werden.

Noch immer sind große Gebiete Frankreichs extrem dünn besiedelt und die kaum industrialisierte Landwirtschaft bildet keine Bedrohung für viele ursprüngliche Biotope. In der Somme-Bucht lassen sich noch Robben und Wildgansarten beobachten, in der Bretagne nisten Tausende von Basstölpeln, in den einstigen Salzgärten der Atlantikküste leben unterschiedliche Reiherarten und Ibisse, in den Mittelmeerlagunen gründeln Flamingos. Zuflucht für Eulen bieten zahlreiche alte Ruinen, überall gibt es dort versteckte Brutplätze für Raubvögel. Adler und Lämmergeier kreisen über alpinen Tälern. In die Loire steigen wieder Lachse, Störe in die Gironde. Vor der Mittelmeerküste tummeln sich nicht nur Delphine, sondern auch Wale.

Den gezielten Bemühungen um den Naturschutz steht ein vorerst noch recht schwach entwickeltes Umweltbewusstsein der Mehrheit der Bevölkerung und vieler lokaler Behörden gegenüber. Mülltrennung beschränkt sich auf Sondercontainer für Glas, gleich welcher Farbe. In den meisten Supermärkten werden den Kunden an der Kasse Plastiktüten gleich bündelweise zugeschoben. Abraumhalden selbst großer Städte wie Marseille sind illegale Dauerprovisorien. Proteste gegen Kernkraftwerke und die internationale, auch Brennstäbe aus Deutschland bearbeitende Aufbereitungsanlage von La Hague werden nur von kleinen Gruppen getragen. Für gesicherte Arbeitsplätze glaubt man die Risiken der Kernenergie in Kauf nehmen zu müssen.

Heftige Proteste gab es allerdings gegen neue Trassen des Hochgeschwindigkeitszugs TGV. Eine schwere Umweltsünde war die „Landschaftsbearbeitung" für die Olympischen Winterspiele 1992 in Albertville in den nördlichen Alpen. Zur Durchsetzung politischer Ziele fehlen Frankreichs Grünen immer noch die nötigen Wählerstimmen.

Bevölkerung und Sprache

„Unsere Vorfahren, die Gallier ..." lernen die Kinder in den Schulen. Ganz gleich ob sie nun in der länger als andere Regionen keltisch gebliebenen Bretagne die Bänke drücken, im alemannischen Elsass, in der von Griechen und Römern kolonisierten Provence, im bis ins 19. Jh. italienischen Nizza, im baskischen Südwesten oder in Französisch-Katalonien. Der Römer Cato d. Ä. bezeichnete die Bewohner des Hexagons und gleich noch ein paar Barbarenstämme dazu um 168 v. Chr. als Erster als „Gallier". Abgeleitet hatte er den Ausdruck von den Galatern, einem von den Griechen gebrauchten Wort für „die von anderswo", womit hier die Kelten gemeint waren. Cäsar und Tacitus weiteten den Begriff Gallier dann auf die Germanen aus.

Doch trotz des vollmundigen Bekenntnisses zur keltischen Herkunft hatte der Zentralstaat keinerlei Interesse daran, die in der Bretagne mancherorts noch gesprochene keltische Sprache zu pflegen. Dem Bretonischen erging es wie den anderen Regionalsprachen auch, die als rückständig verpönt, systematisch bekämpft und letztlich vom Französischen verdrängt wurden.

Staatssprache ist die in der Ile-de-France gesprochene Form der Langue d'oil seit 1539. Der Begriff bezeichnet die im Norden Frankreichs aus dem Latein hervorgegangene Sprachgruppe im Gegensatz zu der im Süden vorherrschenden langue d'oc. Maßgeblich für die Bezeichnung war das jeweilige Wort für „ja": „oil" im Norden, woraus schließlich „oui" wurde, bzw. „oc" im Süden. An das Okzitanische erinnert noch heute der Name der Region Languedoc. Seit dem 16. Jh. wurde auf den Vorrang der Staatssprache gepocht, doch wirklich bahnbrechend wirkten erst die Revolution und die Einführung der allgemeinen Schulpflicht. Im Interesse einer einheitlichen frankophonen Kultur war es den Schülern streng verboten, die jeweiligen Dialekte zu pflegen. Die steigende Mobilität der Bevölkerung und die modernen Medien beschleunigten den Verfall der nur lokal oder regional anwendbaren Idiome. Erst im Zuge der verstärkten Regionalisierung kamen die Verfechter einheimischer Identität wieder zu Wort. Paris sah sich schließlich gezwungen, die fast schon vergessenen Sprachen wenigstens als Wahlfach an den Schulen zu dulden. Die Ratifizierung der Europacharta zum Schutz der Minderheitssprachen hat der französische Staatsrat bisher verhindert.

Während die Regionalsprachen also den wenig aussichtsreichen Kampf ums Überleben führen, blieben wie auch anderswo, Dialekte und Klangfarben des Französischen erhalten. Für Ausländer ist der kräftige Akzent des Midi am auffälligsten, wie er südlich der Linie Bordeaux–Limoges–Valence gesprochen wird. Hier wird aus dem nasalen *pain* für Brot ein herzhaftes *päng*, es geht den Leuten *bieng* statt *bien* und auch das „e" am Schluß von *pomme* für Apfel wird getrost mitgesprochen.

Die Frankophonie, die Vision einer gemeinsamen Sprachkultur, sollte jedoch nicht nur die französischen Regionen einen, sondern auch über die Grenzen hinweg wirken. Sie war stets ein Hauptanliegen aller französischen Regierungen und umfasst ebenso afrikanische Staaten, die aus französischen Kolonien hervorgingen, wie den kanadischen Bundesstaat Québec. Zugleich wehren sich die Kulturminister gegen ein Erstarken des *franglais*, jener Mischung aus Französisch *(français)* und Englisch *(anglais)*, die aus der Über-

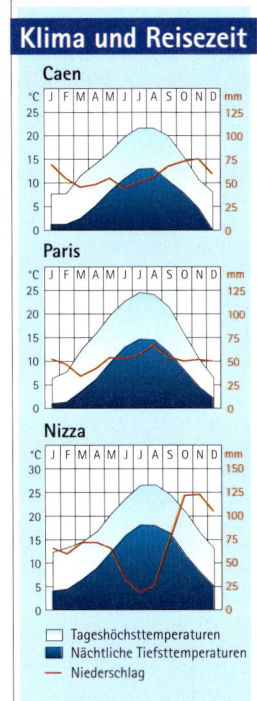

Klima und Reisezeit

Caen

Paris

Nizza

☐ Tageshöchsttemperaturen
■ Nächtliche Tiefsttemperaturen
— Niederschlag

Grundnahrungsmittel Baguette

nahme englischer und amerikanischer Ausdrücke ins Französische beruht. Nur als lächerlicher Chauvinismus ist die Frankophonie jedoch nicht abzutun. Die Beherrschung des Französischen öffnete den in anderen Ländern wegen ihres freiheitlichen Denkens Verfolgten stets die Grenzen, denn der europäische Nachbar setzte bei diesen Immigranten ein gemeinsames kulturelles Verständnis voraus, eine Erfahrung, von der schließlich beide Seiten profitierten. Künstler wie Picasso, Kandinsky, Ionesco, Beckett und Nurejew, um nur einige wenige zu nennen, profitierten davon.

Diese ehrenvolle Tradition wurde im Prinzip weitergeführt, als die einstigen Kolonien in die Unabhängigkeit entlassen wurden. Frankophone Schwarz- und Nordafrikaner, Vietnamesen, Lao-ten, Kambodschaner und Libanesen wanderten in Scharen ein. Ihre in Frankreich geborenen Kinder erhalten automatisch die französische Staatsbürgerschaft. Doch obwohl sprachlich und rechtlich integriert, führen vor allem die Angehörigen einkommensschwacher, einst aus Algerien und Marokko eingewanderter Schichten ein Außenseiterdasein. Unterdurchschnittliche Lebensbedingungen, ungewisse Zukunftsperspektiven für die jungen Leute und die Ghettobildung in den Sozialwohnungsvierteln der Vorstädte schaffen dort sozialen und auch politischen Sprengstoff, mit dem nun der rechtsradikale Front National hantiert.

Dabei war die Zuwanderung 1996 ohnehin bereits auf 40 000 Personen gesunken, gegenüber 90 000 Anfang der neunziger Jahre. Von den 57,7 Mio.

Weinland Frankreich

Frankreich ist nicht nur das Land auf der Welt, in dem der meiste Wein erzeugt wird, die Franzosen sind deutlich vor den Italienern auch die Weltmeister im Weintrinken. Ohne Wein ist eigentlich kein Essen komplett, und zu einem guten gehört ein Flaschenwein, dessen Preis ohne weiteres den eines Viergängemenüs betragen kann. In Bars, Bistros und schlichteren Restaurants wird auch ein durchaus akzeptabler offener Landwein im Glas oder in Viertel- und Halbliterkaraffen serviert.

Die wichtigsten Anbaugebiete für Rotwein sind das Médoc und St-Emilion bei Bordeaux, Burgund, das Rhône-Tal, die Provence und das Languedoc; für Weißwein Chablis das untere Loire-Tal, die Region Entre-Deux-Mers südöstlich von Bordeaux und kleinere Bereiche in Burgund, an der Rhône und in der Provence.

Die französische Weingesetzgebung unterscheidet vier Güteklassen. Ganz unten rangiert der *vin de table*, der Tischwein ohne Herkunftsbezeichnung. Die wird jedoch bereits für einen *vin de pays* verlangt, dessen Ertrag pro Hektar 90 Hektoliter nicht überschreiten darf. Ein *VDQS (Vin de Qualité Supérieure)* ist ein Wein hoher Qualität aus begrenztem Anbaugebiet. Er muss zudem aus den für das Areal zugelassenen Reben nach traditionellen Methoden angebaut und in festgelegten Mengen und Öchslegraden gekeltert werden. Den Weinadel bildet die Güteklasse *AOC*. Diese *Appellation d'Origine Controlée* wird vom Nationalen Weininstitut *INAO* streng überwacht. Es legt u. a. einen dem jeweiligen Jahr angepassten Höchstertrag fest. Einige Winzer nehmen bei großem Traubenansatz sogar vorzeitig eine grüne Ernte vor, damit Bodencharakter und Sonne sich im Restbehang konzentrieren. Sie begnügen sich zuweilen mit einem Ertrag von nur drei Hektolitern pro Quadratmeter, um die Qualität zu steigern. Der Alkoholgehalt ist ebenfalls vorgeschrieben und steht auf dem Etikett.

französischen Staatsbürgern waren 1997 rund 12 Mio. ausländischer Herkunft oder Abstammung. Nach einem Tief 1993 und 1994 stieg die Geburtenzahl in den folgenden Jahren wieder an; der natürliche Zuwachs liegt derzeit bei knapp 200 000 Geburten pro Jahr. Laut Statistik bekommt somit jede Frau 1,72 Kinder, der europäische Durchschnittswert liegt bei 1,43 Geburten. Durch die gedrosselte Einwanderung verlangsamte sich jedoch der Bevölkerungszuwachs insgesamt. Die Zahl der Eheschließungen stieg 1996 um 10 %, das ist die stärkste Zunahme seit den siebziger Jahren. Ein Fünftel aller Franzosen lebt im Großraum Paris.

Auf 895 000 ha des Landes wird Wein angebaut, ein Viertel der Jahresproduktion wird exportiert

Wirtschaft

Der Agrarsektor ist in Frankreich ein wichtiger Punkt in der jährlichen Wirtschaftsbilanz. Allein der Export landwirtschaftlicher Güter macht rund 16 % (BRD ca. 6 %) des Exports des Landes aus. Mehr als die Hälfte der landwirtschftlichen Umsätze bringt die Viehzucht ein.

Daneben spielen natürlich Frühkartoffeln, Zuckerrüben, Mais und Sonnenblumen sowie Gemüse eine wichtige Rolle. Großflächigen Anbau von Getreide gibt es fast nur im Raum zwischen Marne und Seine. Weinreben bedecken 895 000 ha Land (BRD 103 000 ha). Ein Viertel aller gekelterten Weine wird ausgeführt. An erster Stelle der Exportliste steht der Champagner. Dennoch ist die Zahl der in der Landwirtschaft Beschäftigten kontinuierlich gesunken, sie liegt jetzt bei ca. 5 %.

In der Industrie finden rund 30 % der berufstätigen Franzosen Arbeit. Die wichtigsten

Zu besonderen Festtagen trägt man im Elsass Tracht

Die einstige Seidenmetropole Lyon hat sich in eine prickelnde Großstadt verwandelt

Branchen sind die Metall-, Chemie-, die Textil- und Bekleidungsindustrie, die Telekommunikation und die Luft- und Raumfahrt. *Renault* ist Europas viertgrößter Autohersteller. In Le Havre und St-Nazaire gibt es große Werften, die *Aerospatiale* baut u. a. bei Toulouse nicht nur den europäischen Airbus mit seinen Varianten, sondern auch die Weltraumrakete Ariane für den Transport von Satelliten. Vergleichsweise frühzeitig wurden die Hochgeschwindigkeitszüge *TGV (Trains à Grande Vitesse)* eingesetzt, die auf Testfahrten Geschwindigkeiten von bis zu 510 km/h erreichen.

Ein bedeutender Wirtschaftszweig ist nach wie vor auch die „Pariser Mode". Die berühmten Namen der großen Modehäuser sind jedoch fast alle nur noch Aushängeschild. Dahinter stehen in ihren Aktivitäten breit gefächerte, nationale und internationale Unternehmen oder Finanziers, einige der bekannteren Modeschöpfer kommen aus dem Ausland. Sie stützen sich auf einen hochqualifizierten Stamm von Näherinnen und Zuarbeitern. Ihre preisgünstigeren Kollektionen, die rund um die Erde in Boutiquen vertrieben werden, brachten bekannten Modehäusern unter der Bezeichnung Prêt-à-porter ungeahnten Erfolg.

Den ganz großen Gewinn erzielen die unter den berühmten Namen vermarkteten Duftwässer, Handtaschen, Schuhe und andere Accessoires. Die als besonders schick und modebewusst geltenden Franzosen geben übrigens im europäischen Vergleich nur wenig Geld für Kleidung aus!

Die reichen Kohle- und Erzvorkommen im Norden und Nordosten Frankreichs haben angesichts der allgemeinen Krise der Schwerindustrie an Bedeutung verloren. Zwei Drittel der im Land erzeugten Energie werden inzwischen in Kernkraftwerken produziert.

Rund 60 % der arbeitenden Bevölkerung ist im Dienstleistungsbereich tätig. Dabei spielt der Tourismus landesweit eine eminent wichtige Rolle. Mit 61,3 Mio. Gästen aus dem Ausland stand Frankreich weltweit auch 1996 an der Spitze dieser Statstik. Zubetonierte und überfüllte Küstenstriche stoßen bei Urlaubern auf immer mehr Ablehnung. Der Trend zum Urlaub abseits der vollen, von der Sonne verwöhnten Strände zu den raueren, urwüchsigeren Küsten im Norden des Landes hält schon seit Jahren an.

Wie bei den europäischen Nachbarn ist das zentrale Problem der heimischen Wirtschaft die Arbeitslosigkeit, die Mitte 1997 bei 12,6 % lag. Wie üblich liegt der Prozentsatz bei Frauen, Jugendlichen und Ausländern noch höher.

Politik und Verwaltung

Frankreichs Fünfte Republik – sie wurde von Général de Gaulle nach der Algerienkrise von 1958 durch Volksentscheid begründet – hat gut zwei Jahrhunderte nach der großen Revolution noch immer einen Hauch von Monarchie. Der jeweils auf sieben Jahre durch allgemeine und direkte Wahlen mit absoluter Mehrheit ernannte Präsident ist nicht nur nationaler Repräsentant seines Landes, er ist auch amtierender Staatschef mit weit mehr Befugnissen als ein Bundeskanzler und dazu unabhängig von der Zusammensetzung des Parlaments. Er ist außerdem oberster Befehlshaber der Armee, kann die Nationalversammlung auflösen und Neuwahlen ausschreiben lassen. In Fragen einer Verfassungsänderung oder der Anpassung an Europaverträge ist er sogar berechtigt, ohne vorherige Zustimmung des Parlaments, eine Volksabstimmung durchführen zu lassen. Die Befugnisse des Premierministers und der insgesamt 577 auf fünf Jahre gewählten Parlamentsabgeordneten sind in diesem Präsidialsytem entsprechend geringer als beispielsweise in Deutschland.

Nach dem verstorbenen Sozialisten Mitterrand führt seit 1995 der konservative Politiker Jacques Chirac das Land. Nach den von ihm selbst herbeigeführten Neuwahlen im Mai 1997 erlitten die bürgerlichen Rechten eine schwere Niederlage und mussten eine Neuauflage der Kohabitation mit dem sozialistischen Ministerpräsidenten Lionel Jospin eingehen.

Die französische Verwaltungsstruktur, vor allem die Aufteilung in Départements, geht im Wesentlichen auf die Französische Revolution zurück. Zahl und Namen dieser Gebiete haben sich seitdem allerdings häufig geändert.

Schon unter Napoleon wurde diese zunächst bundesstaatlich gemeinte Einteilung eher zum Werkzeug des Zentralismus: Der Kaiser setzte den gewählten Generalräten der Départements jeweils einen Präfekten als Vertreter der Staatsgewalt vor die Nase. Heute gibt es 96 Départements, deren Bezifferung von 1 für Ain bis 89 für Yonne im wesentlichen dem Alphabet folgt. Die höchsten Ziffern erhielten das einen Sonderstatus genießende Territoire de Belfort und die später umstrukturierten Départements rund um Paris.

Im Zug der 1972 mehr symbolisch gebliebenen Dezentralisierung wurden 22 Regionen eingerichtet, an deren Spitze ein Préfet de la Région steht. Ein Conseil Régional soll die Interessen der Region vertreten, hat aber keine Exekutive und findet mit seinem Vorschlagsrecht eher unwillig Gehör in Paris.

Die unterste Ebene von Verwaltung und Politik bilden die (mit Korsika) 36 559 Gemeinden des Landes. Ins Gerede gekommen ist inzwischen die übliche Ämterhäufung: Wer Parlamentarier in Paris oder gar Minister werden will, schafft und erhält sich eine kommunale Hausmacht. Rund die Hälfte der Abgeordneten sind gleichzeitig Monsieur oder Madame le Maire, nämlich Bürgermeister oder Bürgermeisterin einer möglichst bedeutenden Stadt. So war Präsident Chirac beispielsweise bis zu seinem Amtsantritt Bürgermeister von Paris.

Steckbrief

Staatsform: Präsidialrepublik.

Fläche: Das kontinentale europäische Frankreich 543 965 km² (davon Korsika 8747 km²).

Bevölkerung: 57,7 Mio., Bevölkerungsdichte: 105 Einw./km². Größte Dichte: Stadt Paris (20 421 Einw./km²); geringste Dichte: Département Lozère (14 Einw./km²).

Sprache: Französisch ist Staats- und Amtssprache. Flämisch, Deutsch, Bretonisch, Okzitanisch, Katalanisch, Baskisch und Korsisch sind Regionalsprachen, die an den Schulen als Wahlfach gelehrt werden.

Größte Ausdehnung: Nord–Süd 973 km; Ost–West 945 km; Süd–Ost 1082 km.

Höchste Berge: Mont Blanc 4807 m (Alpen); Pic de Vignemale 3298 m (Pyrenäen).

Längste Flüsse: Loire 1012 km; Rhône 812 km.

Wirtschaft: Bruttosozialprodukt pro Kopf 19 867 Francs (1994); Arbeitslosenquote: 12,6 % (Mitte 1997); Inflation: 1,5 % (1996).

Geschichte im Überblick

Vorzeit Erste Siedlungsspuren vor ca. 400 000 Jahren: *Terra Amata* (Nizza); vor 100 000 Jahren *Tayac*-Zivilisation (Dordogne); ca. 30 000 Jahre sind die Höhlenmalereien in der *Grotte Chauvet* (Ardèche) alt, 21 000 Jahre die Bilder in *Lascaux* (Dordogne). Zwischen 5000 und 2000 v. Chr. entstanden die monumentalen Steinsetzungen bei *Carnac* (Bretagne).

1. Jahrtausend v. Chr. Die Kelten vertreiben die Ligurer und besetzen Gallien nördlich der Linie Carcassonne–Genf. Im Süden gründen Griechen aus Kleinasien um 600 v. Chr. den Handelsplatz Massalia (Marseille).

250 v. Chr. Die Franken überqueren den Rhein.

58–51 v. Chr. Cäsar unterwirft das bis dahin noch unabhängige Gallien.

313 Das Toleranzedikt Konstantins des Großen leitet die Christianisierung Galliens ein.

Um 390 Theodosius verlegt die Hauptstadt der römischen Westprovinzen von Trier nach Arles.

406–420 Die Wandalen, Burgunder und Westgoten fallen in das niedergehende gallorömische Reich ein.

451–751 Die Merowinger regieren das Frankenreich, das mehrmals geteilt wird.

732 Truppen unter Karl Martell stoppen die Araber bei Poitiers.

772–814 Blütezeit des Frankenreichs unter Karl dem Großen; es reicht von der Ostsee bis zur Mitte Spaniens und bis über Rom hinaus.

820–885 Die Wikinger (Normannen) dringen nach mehreren Landungen schließlich auf der Seine bis Paris vor.

843 Das Frankenreich wird im Vertrag von Verdun geteilt, Karl der Kahle erhält den Westteil.

1066 Der Normannenherzog Wilhelm erobert England.

1154–1189 Henri II Plantagenet herrscht nach seiner Heirat mit Eleonore von Aquitanien über England und die Westprovinzen Frankreichs.

1345–1453 Hundertjähriger Krieg gegen England.

1429 Jeanne d'Arc schlägt die Engländer bei Orléans und bewegt den Dauphin, sich in der Kathedrale von Reims als Charles VII krönen zu lassen. 1431 wird die Jungfrau von Orléans in Rouen verbrannt.

1598 Henri IV befriedet das seit 1562 durch die Religionskriege zerrissene Land durch das Edikt von Nantes. Endgültiger Sieg der Monarchie über den Adel.

1661–1715 Höhepunkt des Absolutismus unter Louis XIV. Nach dem Tod des Sonnenkönigs ist der Staat total verschuldet.

1789 Mit dem Sturm auf die Bastille beginnt die Französische Revolution.

1792–1804 Erste Republik.

1804–1814 Erstes Kaiserreich unter Napoléon Ier.

1814–1848 Restauration der Monarchie. Nach der Julirevolution von 1830 regiert der Bürgerkönig Louis-Philippe.

1848–1852 Februarrevolution 1848 und Zweite Republik.

1852–1870 Zweites Kaiserreich unter Napoléon III.

1870/71 Niederlage Frankreichs im Deutsch-Französischen Krieg.

1870–1912 Frankreich erobert sein Kolonialreich.

1870–1940 Dritte Republik.

1914–1918 Erster Weltkrieg.

1923–1926 Frankreich besetzt das Ruhrgebiet, um Reparationszahlungen zu erzwingen.

1940 Frankreich kapituliert im Zweiten Weltkrieg nach dem Blitzüberfall der deutschen Wehrmacht. Marschall Pétain, proklamiert im zunächst nicht besetzten Südosten den Etat Français. Von London aus ruft Général Charles de Gaulle zum Widerstand auf.

1944 Die Alliierten landen in der Normandie und befreien Westeuropa.

1946 –1958 Vierte Republik.

1949 Gründung des Europarats in Straßburg. Der Franzose Robert Schuman regt die Bildung einer Montanunion an, wodurch ein erster Schritt in Richtung Einigung Westeuropas getan wird.

1955 Die Pariser Verträge beenden das Besatzungsregime in Deutschland.

1958 De Gaulle wird erster Präsident der Fünften Republik.

1963 Vertrag über deutsch-französische Zusammenarbeit.

1969 Präsident de Gaulle dankt nach Studentenunruhen und Streiks ab.

1981 und **1988** Der Sozialist François Mitterand wird zweimal hintereinander zum Präsidenten gewählt.

1995 Der Gaullist Jacques Chirac gewinnt die Präsidentschaftswahlen. Nach einer Serie unterirdischer Atomexplosionen im Pazifik, auf die die Welt mit Empörung reagiert, werden die Tests eingestellt.

1997 Vorgezogene Neuwahlen bringen eine klare Mehrheit für die Linksparteien Frankreichs. Eine Neuauflage der Kohabitation – jetzt unter Präsident Chirac – beginnt.

Der Sonnenkönig, Louis XIV, gemalt von Hyacinthe Rigaud

Der Sturm auf die Bastille am 14. Juli 1789 löste die Französische Revolution aus

Charles de Gaulle und Konrad Adenauer legten 1963 den Grundstein zur deutsch-französischen Zusammenarbeit

Kultur gestern und heute

Vorzeit

Als 1940 bei Lascaux eine Grotte mit 1500 mehrfarbigen Wandmalereien und Gravuren entdeckt wurde, feierte die Kulturwelt diese Höhle als Sixtinische Kapelle des Périgord. Die Bilder aus der Jüngeren Altsteinzeit werden heute auf ein Alter von ca. 21 000 Jahren geschätzt.

Erst in der jüngsten Vergangenheit stellte sich heraus, dass es sich dabei keineswegs um die ältesten künstlerischen und zugleich religiös-mythischen Äußerungen des Menschen handelte, denn 1991 fand ein Taucher bei Marseille den Zugang zur *Grotte Cosquer*. Die dort dargestellten Wildpferde und Bisons sollen bereits vor mehr als 25 000 Jahren geschaffen worden sein. Doch schon 1994 wurde dieser Rekord von den Offenbarungen der *Grotte Chauvet* (Ardèche) überboten, deren Wandbilder auf ein Alter von 30 000 Jahren geschätzt werden.

Erheblich jünger, aber ähnlich eindrucksvoll sind die Zeugnisse der Megalithkultur. Die monumentalen Steinsetzungen in Form von Alleen und Kreisen, die in die jüngere Steinzeit zurückgehen, finden sich vor allem in der Bretagne. Ob die Monumente Ausdruck eines Götterkults oder Statussymbole der sich dort versammelnden Stämme waren, ob sie mit dem Lauf von Sonne und Mond zu tun hatten bzw. Ansätze der Zeitmessung demonstrieren, bleibt bis heute Spekulation.

Antike

Griechen aus Kleinasien gründeten um 600 v. Chr. die Handelsniederlassung Massalia, weshalb Marseille zu Recht den Anspruch erhebt, Frankreichs älteste Stadt zu sein. Vor allem Arles, Nîmes und Orange, aber auch Besançon, Toulouse und Vienne künden noch heute von der durchdringenden Romanisierung, die das Land seit dem 2. Jh. v. Chr. erlebte. Mit der Maison Carrée in Nîmes, dem Theater von Orange und der Trophée des Alpes bei La Turbie in den Seealpen besitzt Frankreich einige der besterhaltenen Bauwerke der Römerzeit überhaupt.

Klein, aber fein und selten sind die Relikte aus der merowingischen und karolingischen Epoche: Da sind beispielsweise die Krypten von Saint-Germain in Auxerre, Taufkirchen wie die von Fréjus oder Poitiers und das Oratorium eines Beraters Karls des Großen in Germigny-des-Prés an der Loire.

Romanik

Ein wahrer Bauboom setzte in Frankreich um das Jahr 1000 ein. Unzählige Kirchen wurden modernisiert oder ganz neu errichtet und zwar als massive, dauerhafte Steinbauten, aus denen nun auch die Holzdecken verbannt wurden. In Burgund, im Roussillon und im Languedoc begann die Entwicklung, die im 12. Jh. ihren Höhepunkt erreichte und die in jeder französischen Kunstlandschaft eine charakteristische Ausprägung erfuhr. Modellcharakter für viele Sakralbauten hatten die zweite und dritte Abteikirche von Cluny in Burgund. Als Kommunikationsweg spielte zu jener Zeit der Pilgerweg nach Santiago de Compostela in Spanien eine wichtige Rolle. Entlang seiner verschiedenen Routen entstanden viele der bedeutendsten romanischen Kirchen des Landes.

An die Wallfahrer richteten sich daher auch zahlreiche berühmte Werke der damaligen Bauplastik, etwa die eindringlichen Darstellungen in den Bogenfeldern der Kirchen von Autun, Vézelay oder Moissac. Noch blieb die Skulptur ganz in die Architektur eingebunden, sie löste sich erst mit der beginnenden Gotik vom Reliefgrund. Zum ersten Mal seit der Antike entwickelte sich jetzt wieder eine monumentale Bildhauerkunst als Bestand des architektonischen Gesamtwerks.

Gotik

Die ersten Kirchen im Stil der lichtdurchfluteten Spitzbogenarchitektur entstanden mit der Basilika Saint-Denis, der Grablege der französischen Könige bei Paris, der Kathedrale von Sens und den Marienkirchen von Laon und Paris gegen 1140 in der Ile-de-France.

In Vézelay schmücken romanische Kapitelle Ste-Madeleine

Neue Baumethoden (S. 43) erlaubten höhere Innenräume und die Öffnung der Wand, deren Fläche nun großflächige Buntglasscheiben füllten. Sie tauchen die Kirchenschiffe in ein weiches, sie dieser Welt entrückendes Licht. Ihre klassische Ausprägung erfuhr die Gotik mit den Kathedralen von Chartres, Reims und Amiens. Der Hochgotik folgte der Flamboyantstil, an dem bis ins 16. Jh. hinein festgehalten wurde, mit seiner bewegtzüngelnden Linienführung.

Ende des 1. Jhs. ließ der römische Kaiser Augustus in Nîmes eine Arena bauen

Renaissance und Barock

Der Renaissance, der bis dato bedeutendsten „Wiedergeburt der Antike", bereiteten in Frankreich Italiener den Weg. Prominentester Gast diesseits der Alpen war der greise Leonardo da Vinci, den König François Ier 1516 an seinen Hof einlud und dessen Einfluss sich wahrscheinlich auch auf Schloss Chambord auswirkte.

Ausgewogene Proportionen und Symmetrie, Säulenordnungen und die rechteckigen Kreuzfenster prägten nun zunehmend die Architektur. Die wehrhaften Elemente verschwanden mehr und mehr aus dem Schlossbau, der sei-

Gotische Fensterrose von Notre-Dame in Paris

ne größten Triumphe an der Loire und in der Ile-de-France feierte.

Die Maler hatten als Bildgrund statt beschichteter Holztafeln inzwischen die Leinwand entdeckt. Die Schule von Fontainebleau bestimmte mit teilweise schon manieristischem Stil lange den Geschmack. Erst ein Jahrhundert nach Dürer, Holbein und Cranach erwuchsen dem Land wieder große Maler: die dem Italiener Caravaggio folgenden Brüder Le Nain und Georges de la Tour sowie der sich an Tizian und Raffael orientierende Maler wie Nicolas Poussin.

Die folgende Generation stand im Banne *der* Großbaustelle des Barock: des Schlosses von Versailles. Seit 1661 wurde an der Residenz des Sonnenkönigs gearbeitet. Die Anlage geht im wesentlichen auf die Baumeister Louis Le Vau und Jules Hardouin-Mansart, den Maler Charles Lebrun und den Gartenarchitekten André Le Nôtre zurück. Versailles wurde zum Symbol absolutistischer Macht und von den Fürsten ganz Europas nachgeahmt. Das Kunsthandwerk profitierte enorm von der luxuriösen Lebensführung des Hofs. Louis XIV ließ Teppich-, Porzellan-, Glas- und Möbelmanufakturen ausbauen und weitere gründen.

Rokoko und Klassizismus

Antoine Watteau, François Boucher, Jean Honoré Fragonard und der für seine Stilleben bekannte Jean-Baptiste Chardin waren die herausragenden Maler des französischen Rokoko. Gegen die verspielte Leichtigkeit höfischer Idyllen und die Dekadenz der ersten Hälfte des 18. Jhs. wandten sich dann die Künstler des Klassizismus, allen voran Jacques Louis David. Er aktualisierte erneut antike Motive, teilweise mit politisch-moralischem Anspruch. Das intellektuelle Leben beherrschten „die Philosophen", allen voran der scharfzüngige Voltaire, der mehrmals aus Paris verbannt wurde, und der Kreis um Denis Diderot, der ab 1751 die „Encyclopédie" herausgab.

19. Jahrhundert und Moderne

Vielfältige Kunstströmungen folgten und überschnitten sich im 19. Jh. Der mit dem Empirestil unter Napoleon ausklingende Klassizismus mündete in den Historismus, die Bezugnahme auf die verschiedenen Baustile der Vergangenheit. Eine große Neuerung bedeutete die zunehmende Verwendung neuer Materialien, v. a. des Eisens. Sie erreichte 1889 mit der Errichtung des Eiffelturms einen Höhepunkt.

Seit 1830 verschafften Maler und Literaten mit der Forderung nach einer Wiedergabe der Wirklichkeit dem Realismus Gehör. Der an der 1848-er-Revolution beteiligte Gustave Courbet, Jean-François Millet und Honoré Daumier wandten sich verstärkt alltäglichen Themen zu, die sie manchmal ausgesprochen gesellschaftskritisch behandelten. Der Gegenspieler des David-Schülers Jean Auguste Dominique Ingres war der Romantiker Eugène Delacroix. Gemeinsam mit Camille Corot, der gegen Mitte des 19. Jhs. zart bewegte Landschaften bar jedes allegorischen Hintergrunds auf die Leinwand brachte, bahnte er den Impressionisten (S. 49) den Weg. Lange mussten Edgar Degas, Edouard Manet, Claude Monet, Camille Pissarro, Auguste Renoir und Gleichgesinnte um ihre Anerkennung kämpfen. Mit dem Impressionismus, der auch flüchtige Eindrücke der Darstellung für wert befand und endgültig mit der akademischen Historienmalerei brach, verhalfen sie einer neuen, modernen Sichtweise zum Durchbruch. Wenig später löste sich die Malerei auch vom flüchtigsten Naturvorbild und folgte nur noch ihren eigenen Gesetzlichkeiten. Paul Cézanne bereitete die von Pablo Picasso und Georges Braque mit dem Kubismus vorgenommene geometrische Zerstückelung und Zertrümmerung aller anschaulichen Bildelemente vor. Vincent van Gogh bahnte ebenso wie Paul Gauguin und Emile Bernard den Fauvisten den Weg.

Zu den sogenannten Wilden zählten sich u. a. Henri Matisse, André Dérain und Maurice Vlaminck. Sie alle bannten ungebrochene, leuchtende Farben auf die Leinwand. Der von der Literatur ausgehende Surrealismus prägte das Bildschaffen der Katalanen Joan Miró und Salvador Dalí.

Immer kurzlebiger und heterogener wurden die verschiedenen Strömungen der Malerei in der zweiten Jahrhunderthälfte, deren Beginn unter dem Stern Picassos, jedoch nicht in seinem Schatten stand. Die Baukunst profitierte vom Schaffen des Frankoschweizers Le Corbusier, der mit seiner Cité Radieuse in Marseille 1947 neue Maßstäbe gesetzt hatte. In jüngster Zeit erregten die in Auftrag gegebenen *grands projets* des Präsidenten Mitterand die Gemüter, darunter die 1989 eingeweihte Grande Arche und die 1996 teileröffnete Bibliothèque de France.

Das Rathaus im postmodernen Viertel Antigone in Montpellier

Veranstaltungskalender

Karneval in Nizza (Februar):
Umzüge, Blumenkorso und prachtvolle Kulissen.

Semaine Sainte (Karwoche):
Passions- und Büßerprozessionen vor allem im Süden, z. B. „La Sanch" in Perpignan.

Feria in Arles (Ostern):
Beginn der Stierkampfsaison in der Provence mit spanischer Corrida in der antiken Arena.

Filmfestival in Cannes (Mai):
Internationaler Wettbewerb mit Verleihung der Goldenen Palme.

Feria in Nîmes (Pfingsten):
Stierkämpfe und buntes Treiben in der Stadt.

Roland-Garros (Juni):
Internationale Französische Tennismeisterschaften in Paris.

Le Mans (Juni):
24-Stunden-Autorennen.

Le Mont-Saint-Michel (Juli):
Prozession durch das Watt zum heiligen Inselberg.

Nationalfeiertag (14. Juli):
Feuerwerk und Straßenfeste zum Jahrestag der Erstürmung der Bastille 1789; Militärparade auf den Pariser Champs-Elysées.

Grand Pardon in Sainte-Anne-la-Palud (August): Bedeutende Bußprozession in der Bretagne an drei Tagen des letzten Augustwochenendes.

Weinlesebeginn in Saint-Emilion (September): Feierliche Bekanntgabe durch die „Jurade".

Foire aux Santons (Dezember):
Markt für provenzalische Krippenfiguren in Marseille.

La cuisine française

Einer jüngst durchgeführten Umfrage zufolge bezeichneten Franzosen Quiche Lorraine, Steak mit Pommes frites und Pot-au-feu, einen traditionellen Eintopf, als ihre Lieblingsgerichte. Doch trotz dieser ernüchternden Aussage und der Tatsache, dass auch hier die Imbissketten aus dem Boden schießen, spielen Essen und Trinken – zumindest für die, die es sich leisten können – immer noch eine größere Rolle als anderswo. Wer einen Einblick in die französische Küche gewinnen möchte – die einen bedeutenden Aspekt des Savoir-vivre, der Lebenskunst, ausmacht – muss sich allerdings Zeit nehmen. Ein mehrgängiges Menü dauert kaum weniger als zwei Stunden. Nachdem sich die jahrelang hochgejubelte *nouvelle cuisine* in ihrer Striktheit überlebt hat, lassen sich die Starköche des Landes nun verstärkt von den Rezepten der Regionalküchen inspirieren.

Bescheiden fällt das Frühstück *(petit déjeuner)* aus: Es besteht üblicherweise aus Croissants und einem Milchkaffee und kann in jeder Bar eingenommen werden. In teureren Hotels hat sich inzwischen das beliebte Frühstücksbuffet durchgesetzt. Warm gegessen wird zwischen 12 und 14 Uhr *(déjeuner)* und von 19 bis 22 Uhr *(dîner)*.

So vielfältig wie die Regionen des Landes sind auch seine Rezepte. So behaupten die **Elsässer,** bei ihnen gäbe es das beste Sauerkraut der Welt. Die kulinarisch verfeinerte Version des *choucroute* wird in Riesling oder sogar in Champagner geschmort. Sie wird mit geräuchertem Schweinebauch, Kassler, knackigen Würsten oder sogar zu Rebhuhn oder Flusskrebsen serviert. Solide Hausmannskost ist der Eintopf *baeckeoffe* aus Kartoffelscheiben und marinierten Schweine-, Rind- und Lammfleischstücken. Knusprig und duftend verlässt die *quiche lorraine,* die Lothringer Mürbteigtorte aus Eiern, Speck und Sahne, den Backofen.

Noch deftiger liebt man es in der **Picardie,** wo man sich für *hochepot,* eine Komposition aus mindestens vier Fleischsorten plus Kohl und Kartoffeln begeistert.

Die **Normannen** haben nicht nur ihren Landsleuten den Geschmack für so handfestes wie *tripes à la mode de Caen* (Kutteln) und *marmite dieppoise* (Fischeintopf mit sämiger Sauce) beigebracht. Mit leicht gesalzener Butter und fast gelber *crème fraîche* wird hier weder bei Fleisch- noch bei Fischgerichten gegeizt. Nur der Apfelschnaps *calvados* bringt zwischendurch den Magen wieder ins Gleichgewicht.

In der **Bretagne** türmen sich wie in der Normandie auf einem *plateau de fruits de mer* Meeresfrüchte wie Austern, Langustinen, Krabben oder Taschenkrebse. Sogar das Lammfleisch ist présalé, genährt von den Salzwiesen der Küste. Besucher schwelgen dort aber auch in *crêpes,* hauchdünnen Pfannkuchen mit Füllungen aller Art.

Im **Tal der Loire** bedient man sich seit eh und je der Zutaten der Region: der Fische des berühmten Stroms und seiner Nebenflüsse, des Wilds aus den Forsten der Sologne sowie des Fleisches der Charolais-Rinder. Eine kulinarische Offenbarung ist *beuchelle tourangelle,* ein Gericht aus Kalbsnieren und Kalbsbries mit frischen Steinpilzen.

In **Burgund** beweisen mal wieder die Köche, dass die Weine der Region nicht nur zum Trinken bestens geeignet sind. Das schon legendäre Gulasch *bœuf bourguignon* stammt vom Charolais-Rind. Aus dem Fleisch der nicht minder bekannten Bresse-Hühner wird das *poulet à la crème* hergestellt.

Aus dem **Périgord** und der **Gascogne,** so glauben die Franzosen, stammen die beste Stopfleber *(foie gras)* und die besten Trüffeln. *Confit* aus Federvieh kocht man hier im Südwesten stundenlang im eigenen Fett, nachdem die durch gewaltsames Stopfen vergrößerte Leber herausgelöst wurde.

Die baskische Küche steuert ihre *piperade* bei, eine eigentlich fürs Omelett gedachte würzige Sauce aus Paprikaschoten und Tomaten. Und die baskische Bouillabaisse, *ttoro*, ist nur beim Bestellen ein Zungenbrecher.

Die Küche des **Languedoc–Roussillon** wird sowohl von den Rezepten der Provence als auch Kataloniens beeinflusst. Das Baguette wird hier schon mal mit *brandade* (Stockfischpüree) oder *tapenade* (Olivenpüree) bestrichen. Zwischen Toulouse und Carcassonne schwört man in der kühleren Jahreszeit auf den Eintopf *cassoulet,* weiße Bohnen mit Schwein, Ente oder Gans. Die Katalanen begeistern sich für eine *cargolade,* kleine Schnecken, die über der Glut von Kiefernnadeln oder Reisig gegart sind.

In der **Provence** dürfen beim Kochen neben Knoblauch, Thymian und Oregano auch die anderen duftenden Kräuter nicht fehlen. Gefüllte Zucchiniblüten *(fleurs de courgettes)* oder die berühmte Fischsuppe *bouillabaisse* begeistern dort nicht nur die Urlauber. Nur die Knoblauchmayonnaise *aïoli* genießen die Einheimischen oft allein: Sie stippen Stockfisch, harte Eier, Kartoffeln, Artischocken, aber auch Schnecken in die kalorienreiche Sauce.

Über 350 verschiedene Käsesorten gibt es in Frankreich

Ratatouille, jene köstliche, langsam geschmorte Mischung aus südlichen Gemüsen, wie Auberginen, Zucchini und Tomaten, wird in der Provence und an der **Côte d'Azur** gern gegessen. Und die *salade niçoise* hat weit über die Grenzen der Côte hinaus ihre kulinarische Karriere gemacht.

Urlaub aktiv

Wandern

Ganz Frankreich ist mit einem Netz von Fernwanderwegen, den *Sentiers de Grande Randonnée,* abgekürzt GR, überzogen. So verläuft z. B. der GR 20 von Paris zum Mont Saint-Michel, der GR 65 folgt dem alten Jakobspilgerweg durch Südwestfrankreich, der GR 9 zieht sich von Grimaud bei Saint-Tropez über die Berge bis zum Mont Ventoux.

Für jeden dieser Wege wurden handliche Broschüren mit Karten und genauen Wegbeschreibungen sowie Adressen von Unterkünften und Hinweisen auf Flora und Fauna herausgegeben. Sie sind über den lokalen Buchhandel zu bekommen.

❶ *Fédération Française de la Randonnée Pédestre,* 8, av. Marceau, F-75008 Paris, ☎ 01 45 45 31 02, 🖷 01 43 95 68 07.

Radfahren

Die allgemeine Begeisterung für das sportliche und umweltschonende Fortbewegungsmittel hält sich im Land in dem alljährlich das Tour-de-France-Fieber ausbricht erstaunlicherweise in Grenzen. Abgesehen von ganz wenigen Ausnahmen gibt es keine Radwege. Picardie, Normandie, Bretagne und das Loire-Tal bieten sich als steigungsarme Landstraßenreviere jedoch für Radler an. Die Mitnahme eines Mountainbikes oder eines Tourenrades empfiehlt sich nicht nur für die Alpen, sondern auch für Berg- und Talfahrten im gesamten Süden.

Oft vermitteln die örtlichen Fremdenverkehrsämter Mieträder. Dort werden manchmal auch Faltblätter mit ausgearbeiteten Tourenvorschlägen angeboten.

Wassersport

3120 km Meeresküste und davon allein 2090 km am Atlantik sind die ideale Voraussetzung für alle Arten von Wassersport. Wer auch bei unter 20 °C den Sprung in die manchmal hohen Wellen wagt, ist in der Normandie und der Bretagne richtig. Mit höheren Temperaturen und endlos langen und sogar einsamen Sandstränden lockt der südlichere Atlantikstreifen zwischen der Gironde-Mündung und Biarritz. Wohlig warm ist das Meer vom Frühling bis in die späten Herbst an den Küsten des Languedoc bis hinauf zur Côte d'Azur. Praktisch werden in jedem Badeort Segel- oder Surfkurse angeboten und die entsprechende Ausrüstung dazu wird vermietet.

Die Könner unter den Surfern lieben die nicht ungefährlich hohen Wellen am Cap Ferret bei Arcachon, Capbreton oder Hossegor nördlich von Biarritz.

❶ Surf`Soul Tours, Kleinfeld 90, D-21149 Hamburg, ☎ 0 40/70 20 01 03, 🖷 70 20 01 04.

Die Region Rhône-Alpes bietet mit ihren unzähligen Wildbächen ideale Voraussetzungen für Kanuten und Raftingfans. Die zentralen Verkehrsämter (S. 94) versenden eine Broschüre.

Thalassotherapie

Die moderne Heilkunde setzt heute auch wieder auf die Kräfte des Meerwassers, nachdem schon Herodot, Euripides und Platon dessen heilende Eigenschaften erkannt hatten. Grundprinzip der Therapie ist die Erkenntnis, dass durch die Erwärmung des Wassers auf Körpertemperatur die Spurenelemente und Mineralsalze besser in die Haut eindringen und dadurch die natürliche Regeneration fördern.

Pornic, unweit von Nantes, La Baule oder Les Sables d'Olonne, aber auch Les Saintes-Maries-de-la-Mer oder Hyères am Mittelmeer sind nur einige der Orte, die solche Kuren anbieten.

Reisewege und Verkehrsmittel

Mit öffentlichen Verkehrsmitteln

Mit dem Flugzeug: Linienmaschinen von Lufthansa, Air France, Swissair, Austrian Airlines und anderen Gesellschaften fliegen u. a. Paris und Nizza direkt an. Die meisten internationalen Flüge landen in Roissy-Charles de Gaulle nordöstlich der Hauptstadt. Das innerfranzösische Netz wird von der Gesellschaft Air Inter Europe, aber auch von kleineren Linien bedient.

Mit der Bahn: Der Hochgeschwindigkeitszug *TGV* verkehrt außerhalb der Grenzen Frankreichs nur bis Brüssel. Die französische Eisenbahn *SNCF* gewährt Touristen eine Reihe von Vergünstigungen, die schon bei der Anreise genutzt werden können.

❶ Rail Europe Deutschland,
☏ 0 69/97 58 46 30/ 31/ 32/ 20,
🖷 97 58 46 35.

Autoreisezüge verkehren u. a. von Hamburg, Hannover, Köln-Deutz, Neu-

Die Fahrt mit dem TGV gehört eigentlich zum Urlaubserlebnis

Nicht nur im Languedoc-Roussillon kommen Paddler und Kanuten auf ihre Kosten

Kapitän auf Flüssen und Kanälen

Es gibt viele Arten, die Schönheiten Frankreichs zu entdecken. Die beschaulichste geht im Vierknotentempo fernab überfüllter Autobahnen und dem hektischen Treiben von Großstädten vor sich. Weder Führerschein noch Lotse werden für eine Fahrt auf dem weit verzweigten und nicht mehr von der Berufsschifffahrt genutzten Kanalsystem des Landes benötigt. Alles in allem gibt es rund 13 200 km schiffbare Wasserstraßen, von denen Freizeitkapitäne rund 8000 befahren können.

Zu den bekanntesten Strecken zählt der 241 km lange *Canal du Midi* zwischen dem Bassin de Thau bei Sète und Toulouse. In Burgund steht den Hausbootfahrern mit den Kanälen *de Bourgogne, de Briare* und dem landschaftlich überaus reizvollen *Canal du Nivernais* ein weit verzweigtes Netz von Kanälen zur Verfügung.

❶ Das Französische Fremdenverkehrsamt (S. 94) vermittelt auch regionale Anbieter.

Isenburg und Basel nach Bordeaux, Avignon und Fréjus an der Riviera.

Mit dem Europabus: Von Deutschland und Österreich fahren ganzjährig Europabusse nach Frankreich. Reservierungen nehmen in Deutschland alle DER-Reisebüros und einige Fahrkartenschalter der Deutschen Bahn AG entgegen. In Österreich sind die Tickets bei Austrabus, Opernpassage, A-1010 Wien, ☎ 01/11 35 86 43 12, zu bekommen.

Mit dem Auto unterwegs

Mit dem eigenen Auto: Anschluss an das französische, gebührenpflichtige Autobahnnetz *(autoroutes)* besteht via Aachen–Lüttich, Trier–Luxemburg, Saarbrücken/Straßburg–Metz sowie Freiburg/Basel–Mulhouse. Größere Mautbeträge *(péage)* können auch bargeldlos mit der Eurocheque-Karte bezahlt werden. Neben Führer- und Kraftfahrzeugschein empfiehlt sich für Deutsche die Mitnahme der grünen Versicherungskarte.

Die Alkoholgrenze liegt bei 0,5 Promille.

Praktisch sind die Michelin-Karten: Die rote Nr. 989 „France" im Maßstab 1:1 Mio. zeigt das ganze Land. 17 Regionalkarten, meistens im Maßstab 1:200 000, sind genauer.

Straßenhilfsdienst: Orangefarbene Notrufsäulen stehen in Abständen von zwei Kilometern an den Autobahnen. Die Polizei ist landesweit unter ☎ 17 zu erreichen. Der ADAC unterhält einen deutschsprachigen Notrufdienst unter ☎ 72 17 12 22.

Geschwindigkeitsbegrenzungen: Auf Autobahnen gilt 130 km/h, bei Regen 110 km/h, auf Schnellstraßen 110 km/h, auf Landstraßen 90 bzw. 80 km/h.

Mietwagen: Die Preise schwanken erheblich. Meistens werden günstige Ferien- bzw. Wochenendpauschalen angeboten. Zu empfehlen ist der Abschluss einer Vollkaskoversicherung mit beschränkter Selbstbeteiligung.

Das Dach über dem Kopf

Fast alle Hotels unterliegen der Zulassung und Kontrolle durch die Direction de Tourisme. Die amtliche Klassifizierung unterscheidet fünf Kategorien: ein bis vier Sterne und vier Sterne mit dem Zusatz „luxe". Geprüft wird jedes Jahr. Die offizielle Bewertung wird auf einem sechseckigen blauen Emailschild mit dem weißen Buchstaben H neben dem Eingang angezeigt.

Außerdem gibt es eine ganze Reihe von Hotels, die keiner Klassifizierung unterliegen. Es existieren mehrere Verbände, in denen sich z. B. Schlosshotels, Landgasthöfe und Anbieter von Ferienwohnungen zusammengeschlossen haben.

Mehr und mehr stößt man in ländlichen Gegenden auf den Hinweis *chambres d'hôtes,* die Werbung für Privatzimmer mit Frühstück.

Schlosshotels und Herrenhäuser

Hohen Komfort in historischen Mauern, besonders schöne Lage, Ruhe und lokales Ambiente versprechen die Mitglieder der Kette Relais & Châteaux.

❶ Relais & Châteaux, Fürstenhof Celle, Hannoversche Straße 55/56, D-29221 Celle, ☎ 0 51 41/21 71 21, 🖷 2 11 19.

Logis de France

Am gelben Kamin im grünen Wappenschild ist dieser Hotelverband zu erkennen. Die Häuser sind in Privathand und verfügen meistens über ein Restaurant, in dem regionale Spezialitäten auf der Karte stehen. In dem Verzeichnis werden sie je nach Ausstattung mit ein bis drei Kaminen eingestuft.

❶ Privatours, Kaiser-Friedrich-Promenade 61 b, D-61348 Bad Homburg, ☎ 0 61 72/2 98 15, 📠 69 05 39.

Campanile

Den Häusern dieser Hotelkette ist die verkehrsgünstige, nicht unbedingt ruhige Lage an Ausfallstraßen im Stadtrandgebiet gemeinsam. Die Zimmer verfügen über den üblichen Zweisternekomfort. Zur Ausstattung gehört ein Grillrestaurants und ein Spezialitätenbuffet.

❶ Campanile, 31, av. Jean-Moulin, F-77200 Torcy, ☎ 01 64 62 46 00, 📠 01 64 62 46 61.

Formule 1

Die Zimmer dieser Niedrigpreishotels sind konsequent mit einem Doppelbett, einem Einzelbett, Waschbecken mit warmem und kaltem Fließwasser sowie einem Fernseher ausgestattet. Dusche und WC befinden sich auf der Etage. Die Hotels liegen immer in der Nähe der Autobahnen oder Durchgangsstraßen in Gewerbegebieten.

❶ Die Zusendung einer Broschüre mit allen Hotels kann unter ☎ 018 05 25 25 12 bestellt werden.

Hôtels en Compagnie

Typisch für diese Hotelkette (1- bis 3-Sterne-Häuser), zu der auch die ehemaligen Climat-de-France-Hotels gehören, ist der familiäre Charakter. Im Preis inbegriffen ist ein Frühstücksbuffet. Die Hotels befinden sich an verkehrsgünstigen Punkten in touristisch interessanten Gebieten.

❶ stb-Reisen, Platter Straße 87, D-65232 Taunusstein, ☎ 0 61 28/98 25 13 oder 98 25 14, 📠 98 25 15.

Ferienwohnungen vermittelt: La Maison des Gîtes de France, 59, rue St-Lazare, F-75009 Paris, ☎ 01 49 70 75 75, 📠 01 42 81 28 53.

Wer zur Hauptsaison reist, riskiert im Stau stecken zu bleiben

HOTEL DE TOURISME
H ★★
MINISTÈRE chargé du TOURISME

Alljährlich überprüft die Direction de Tourisme den Zustand der Hotels und vergibt ihre Sterne

*** Paris

Seite
31

Frankreich konzentriert

Warum sich nicht zuerst zur besseren Orientierung den Blick von oben auf die Metropole gönnen? In Paris bietet sich hierfür das Dach des Kaufhauses „La Samaritaine" (75, rue de Rivoli/ Ecke Rue du Pont Neuf) an, denn dieser Ort ist zugleich die Nahtstelle zwischen dem seit 2000 Jahren besiedelten Zentrum und dem mondänen, mit dem Louvre beginnenden Westen der Stadt. Von dort oben erschließt sich überdeutlich der Kontrast zwischen dem kleinteiligen Dächergewirr der unmittelbaren Umgebung und der sich breit öffnenden, prachtvollen Schneise der Avenue des Champs-Elysées. Gegenüber auf der Ile de la Cité repräsentieren gewaltige Bauten die kirchliche und weltliche Macht, und den Norden überragt die strahlend weiße Kuppel von Sacré-Cœur. Vom Dach des Samaritaine aus gesehen glänzt die Stadt heute mehr denn je. Doch weicht der schöne Schein sehr schnell der Realität mit ihren unterschiedlichsten Problemen, wenn man wieder heruntersteigt, um Paris aus der Nähe zu erleben.

Geschichte

Bereits um 250 v. Chr. haben auf der Ile de la Cité Menschen gewohnt. Sie nannten sich *Parisii* und wurden von Julius Cäsar 52 v. Chr. besiegt, wie er im „Gallischen Krieg" stolz berichtet. Eine erste Blüte erlebte Paris im 6. Jh., als einer der Hauptorte der fränkischen Merowingerkönige. Klöster wurden zu Ausgangspunkten neuer Siedlungen, die später zur Stadt zusammenwuchsen. Während der ersten Hälfte des 12. Jhs. setzte der Aufstieg von Paris zum Machtzentrum ein: Mit dem Sieg des Königtums über die rivalisierenden Feudalherren wurde die Stadt Sitz der sich nun allmählich durchsetzenden Zentralgewalt. Von nun an ist die Geschichte von Paris untrennbar mit der Herrscher verbunden.

In guten Zeiten wurde sie als Symbol der Machtfülle Frankreichs prachtvoll erweitert und umgestaltet, in schlechten Zeiten wurde die Hauptstadt vernachlässigt und vom Hof verlassen.

Wer heute Paris besucht, wird feststellen, dass es das Schicksal mit dieser Stadt im Großen und Ganzen gut gemeint hat. Den Zerstörungen der beiden Weltkriege ist sie glücklich entronnen, und offensichtlich waren die Staatskassen auch unter François Mitterrand so gut gefüllt, dass gleich mehrere Aufsehen erregende architektonische Großprojekte verwirklicht werden konnten.

Das dreigeteilte Zentrum

In *la Ville,* die Handelsstadt im Norden, *la Cité,* den Sitz der weltlichen und geistlichen Macht auf der Seine-Insel, und in *l'Université,* den geistigen Mittelpunkt auf dem Südufer, gliedert sich schon seit mehr als 800 Jahren das Pariser Zentrum.

Zwar wurden die Großmarkthallen 1972 abgerissen und gaben den Blick auf die spätgotische Kirche **＊Saint-Eustache ❶** frei, doch ist das Viertel *Les Halles* noch heute von Konsum und Handel geprägt. Modefans sei statt dem wenig aufregenden, unterirdischen **Forum des Halles ❷** die Gegend rund um die **＊Place des Victoires ❸**, insbesondere die *Rue Etienne-Marcel,* empfohlen, denn hier haben sich Kenzo, Gaultier und weitere bekannte Modeschöpfer niedergelassen.

Lebendiger ist es rund um das **＊＊＊Centre National d'Art et de Culture Georges Pompidou,** so die offizielle Bezeichnung des riesigen Kulturzentrums, das 1977 eingeweiht wurde und täglich gut 25 000 Besucher zählt. Da schon jetzt erste Restaurierungen fällig sind, finden in dem teilweise geschlossenen Bau zur Zeit höchstens zwei Ausstellungen gleichzeitig statt (○ tgl. außer Di 12–22, Sa/So 10–22 Uhr).

Eng und verwinkelt ist Paris auf der Rückseite dieser Kulturmaschine, im **Marais** (S. 34). Seit Jahrhunderten haben die Repräsentanten der Stadt am Seine-Ufer ihren Sitz, wo das strahlend weiße **Hôtel de Ville** ❹ das letzte in einer langen Liste von Rathäusern an dieser Stelle ist. Einen von allen Einwohnern gewählten Bürgermeister hat Paris dagegen noch nicht lange: 1977 trat Jacques Chirac dieses Amt an, das bis dahin von der Staatsmacht schlicht vergeben wurde.

Seite 31

Notre-Dame ist eines der bedeutendsten Sakralbauwerke der Gotik in Frankreich

Auf der **Ile de la Cité** bewegen sich die Touristenströme zwischen Sainte-Chapelle im Hof des Justizpalastes und der Kathedrale ***Notre-Dame.** Die mächtige Bischofskirche entstand im wesentlichen zwischen 1160 und 1245. Von ihren mittelalterlichen Fenstern sind nur noch drei Rosen erhalten. Alle anderen wurden Mitte des 18. Jhs. entfernt.

Im Vergleich mit der lichtdurchfluteten filigranen, zweigeschossigen Palastkapelle ***Sainte-Chapelle,** deren Wände fast vollständig in Glas aufgelöst sind, ist das fünfschiffige Langhaus von Notre-Dame in mystisches Halbdunkel getaucht. Während die mächtige Kathedrale die frühe Gotik repräsentiert, ist die Sainte-Chapelle das Paradebeispiel französischer Hochgotik. Gebaut wurde dieses Kleinod als Aufbewahrungsort für die Dornenkrone Christi, die 1239 Louis IX, der Heilige, nach Paris brachte.

Centre Pompidou: Brunnen von Niki de Saint-Phalle und Jean Tinguely

Von der einstigen königlichen Residenz auf der Ile de la Cité, die die Herrscher in der Mitte des 14. Jhs. verließen, blieben außer der Sainte-Chapelle in der **Conciergerie** ❺ die Unter-

Die Pyramide in der Cour Napoléon des Louvre wurde vom Architekten Ming Pei entworfen

PLAN PARIS

PARIS

0   500 m

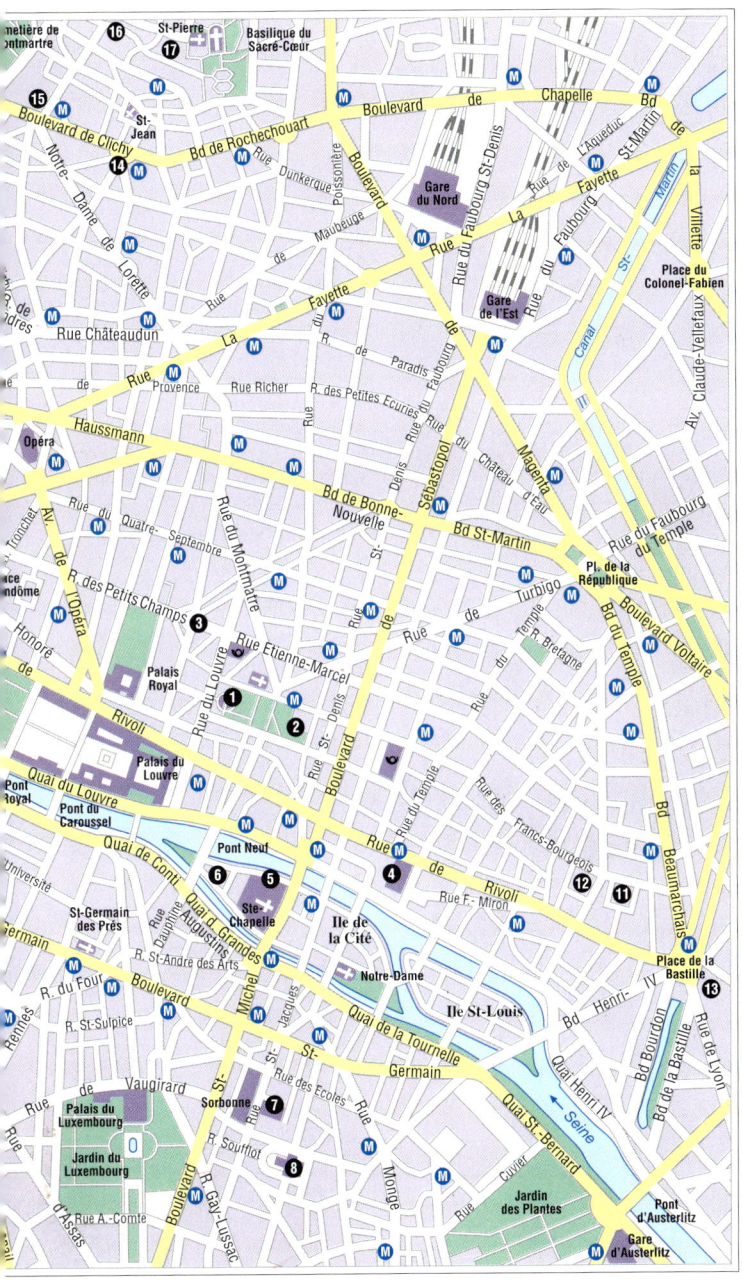

geschosse des Palasts mitsamt der ehemaligen Küche erhalten. Einige Räume wurden 1989 wieder so hergerichtet, wie sie während der Französischen Revolution aussahen, als hier die zum Tode Verurteilten auf ihre Hinrichtung warteten (◷ tgl. 10–16.30 Uhr).

Seite 31

Wer Erholung sucht, findet sie auf der Ile de la Cité, genauer gesagt an der **★ Place Dauphine ❻**. Der Platz wurde zu Beginn des 17. Jhs. unter König Henri IV angelegt und bietet neben einigen Restaurants und Cafés auch den Blick auf das Reiterstandbild des Königs am **★ Pont Neuf.**

Auf dem Südufer der Seine liegt das **Quartier Latin,** das bis heute weitgehend seine Funktion als Universitätsviertel beibehalten hat. Latein war im Mittelalter übrigens die gängige Umgangssprache all jener, die aus ganz Europa zum Studium nach Paris kamen. Heute noch konzentrieren sich auf dem Hügel die großen Ausbildungszentren Frankreichs. In der **Sorbonne** sind zahlreiche Institute von gleich drei Pariser Universitäten – es gibt heute insgesamt 13 – untergebracht. Das benachbarte **Collège de France ❼** dürfte die wohl elitärste Volkshochschule der Welt sein. Hier halten die berühmtesten Gelehrten aus aller Welt zumeist frei zugängliche und kostenlose Vorlesungen. Erlesen liest sich auch die Namensliste der verstorbenen Geistesgrößen, die im **★★ Panthéon ❽** beigesetzt wurden. Die Giebelinschrift *grands hommes* konnte bis 1995 getrost mit „große Männer" übersetzt werden, denn nur ihnen war es bis dahin vergönnt, hier ihre letzte Ruhestätte zu finden. Doch François Mitterrand ließ nicht nur den einst als Kirche geplanten Bau renovieren, sondern auch Marie Curie als erste Frau „panthéonisieren" (◷ tgl. 10–16.45 Uhr)!

Der mondäne Westen

Der **★★★ Louvre** bildet die Schnittstelle zwischen dem verwinkelten histori-

schen Kern der Altstadt und dem Paris der Belle Époque, der Hauptstadt des 19. Jhs. mit großzügigen Park- und Platzanlagen und prachtvollen, breiten Boulevards, an denen sich die repräsentativen Bauwerke reihen. Paradebeispiel dieser Prachtstraßen ist die **★★ Avenue des Champs-Elysées,** deren Geschichte als Waldweg begann. Am unteren Teil, zwischen der verkehrsreichen **★★ Place de la Concorde** und dem *Rond Point,* amüsierten sich Ende des 19. Jhs. die Schönen und Reichen in Glaspalästen und Tanzhallen. Ins Auge fallen vor allem das **★ Grand Palais** und das **★ Petit Palais,** Bauten der Weltausstellung von 1900. Jenseits des Rond Point steigt die breite Prachtstraße leicht an. Statt eleganter Auslagen gibt es jedoch immer mehr Fastfoodlokale und Autohäuser.

Den **★★ Arc de Triomphe** hat Napoléon Iᵉʳ in Auftrag gegeben, sich selbst, seiner Armee und allen militärischen Siegen Frankreichs zu Ehren. Der Kaiser schaut als römischer Konsul die Champs-Elyseés hinunter, eine noch bessere Aussicht bietet sich von der Aussichtsterrasse des Bogens (◷ Di–Sa 9.30–23.30, So/Mo 9.30–18.30 Uhr).

Von dort oben fällt der Blick auch auf **La Défense** mit den Bürotürmen und der **Grande Arche ❾** im Westen der Stadt. Der Bogen gehört zu den Großprojekten François Mitterrands. Er ist mit seinen 110 Metern mehr als doppelt so hoch wie der Bau Napoleons.

Die **★★★ Tour Eiffel** wurde zur Weltausstellung von 1889, die zu ihren Füßen stattfand, errichtet. Der **Champ de Mars** war einst der Exerzierplatz der **★ Ecole Militaire ❿**, die das Ensemble nach Süden hin abschließt. Ihr nördliches Pendant ist das **★ Palais de Chaillot** jenseits der Seine. Es wurde 1937 erbaut und ist heute Sitz von vier Museen und einem großen Theater.

Das **★★ Hôtel des Invalides** entstand unter Louis XIV im 17. Jh. Der weitläufige Gebäudekomplex mit mehreren Innenhöfen diente einst der Unterbringung der Invaliden der zahllosen Kriege des Sonnenkönigs. Noch heute werden hier Veteranen auf Staatskosten gepflegt. Der größte Teil der Gebäude gehört jedoch zum Armeemuseum. Überragt wird die Anlage von der goldglänzenden Kuppel des ** Dôme des Invalides, unter der seit 1840 Kaiser Napoléon I er ruht.

Im Umbruch befindet sich ein weiteres *quartier chic,* das legendäre Viertel ** Saint-Germain-des-Prés. Rund um die gleichnamige Kirche mit ihrem romanischen Glockenturm mussten in den letzten Jahren einige traditionsreiche Buchhandlungen schließen – Relikte aus jenen Tagen, als Saint-Germain das Viertel der Existenzialisten war. Doch kommt der entsetzte Schrei

Die Ste-Chapelle ließ Louis IX für seinen Reliquienschatz bauen

Seite 31

Der Louvre

Milliarden ließ Präsident Mitterrand lockermachen, um aus dem verstaubten *** Louvre ein „Museum des 21. Jhs." zu machen – und das größte der Welt dazu. Noch sind die Arbeiten nicht abgeschlossen, doch nach wie vor stehen die Besucher vor einer nicht zu bewältigenden Fülle unterschiedlichster Exponate. Man tut also gut daran, sich an der Informationstheke am Eingang unter der viel diskutierten Glaspyramide ein Faltblatt zu holen, das den gerade aktuellen Stand der (Kunst-)Dinge mitteilt. Erst nach einem halben Kilometer Fußmarsch erreicht man Leonardos „Mona Lisa" im Denon-Flügel. Nebenan gibt es großformatige, französische Historienbilder von Delacroix, Géricault, David und Ingres zu begutachten. Einen Stock tiefer stehen italienische Skulpturen: Michelangelos „Sklaven" und Canovas erotischer „Psyche und Amor"-Kuss. Es folgt die Antiken-Abteilung mit der „Nike von Samothrake" als Flaggschiff im feudalen Treppenhaus und der sinnlichen „Venus von Milo" ein Stockwerk darunter. Im Sully-Flügel rund um die Cour Carrée

ist ganz oben die französische Malerei von Poussin und Lorrain über Watteau und Fragonard bis hin zu den schon genannten Malern des 19. Jhs. zu sehen. Das Stockwerk darunter ist der angewandten Kunst vorbehalten: Hier finden sich abertausende von Möbeln, Innendekorationen, Tellern, Vasen usw. Die ägyptische Sammlung wird erst 1998 wieder eröffnet.

Auch im dritten, dem Richelieu-Flügel mit seinen drei überdachten Innenhöfen werden die Gemälde der Beleuchtung wegen ganz oben präsentiert: Schwerpunkt hier sind die flämischen, holländischen und deutschen Meister vom Mittelalter bis ins 18. Jh. (darunter van Eyck, Dürer, Holbein, Rembrandt, Rubens). Kunstgewerbe ist in der ersten Etage, französische Skulptur im Zwischen- und Erdgeschoss untergebracht. Eine Mesopotamien-Abteilung, eine Sammlung islamischer Kunst und die Prunkgemächer von Napoléon III vervollständigen die Qual der Wahl.

Tgl. außer Di 9–18, Mo/Mi bis 21.45 Uhr.

der Intelligenz zu spät, denn schon lange findet man zwischen *Rue du Four*, *Rue Saint-Sulpice* und dem *Boulevard Raspail* leichter Dior-Klamotten, Cartier-Colliers und Louis-Vuitton-Taschen als Bücher.

Seite 31

Das Paris der kleinen Leute

Paris wie es in den Chansons von Edith Piaf und auf den Fotos von Robert Doisneau verewigt wurde, ist fast ganz verschwunden. Nur in wenigen Vierteln gibt es noch das Bistro an der Ecke als Treffpunkt und Informationsbörse der Nachbarschaft und den Krämer nebenan, der alles führt, was in einem Haushalt gebraucht wird. Doch trotz aller Luxussanierung birgt das ****Marais** noch solche Ecken. Nicht weit von der exklusivsten Wohnlage weit und breit, der ****Place des Vosges ⓫** aus dem 17. Jh., liegt die kleine **Place du Marché-Sainte-Catherine ⓬**, wo es schon mal passieren kann, dass einer der Anwohner den Café au lait aus dem Fenster rufend bestellt.

Geschichte wurde in diesem Quartier vor allem im Faubourg Saint-Antoine östlich der **Place de la Bastille** geschrieben. Revolutionen begannen fast immer hier, und es waren vorwiegend Bewohner dieses Viertels, die am 14. Juli 1789 das Bastillegefängnis stürmten und die Französische Revolution entfachten. Vielleicht war es der Gedanke an diese traditionelle Aufmüpfigkeit, die die stets bürgerlich-konservative Mehrheit in der Stadt vor etwa 20 Jahren einen Sanierungsplan für den Pariser Osten beschließen ließ.

Das begehrte Innenstadtviertel rückte somit ins Bewusstsein gut situierter Bürger. Die finanzschwächeren Bewohner wurden samt ihren sozialen Problemen verdrängt. Als städtebaulicher Akzent entstand, vom Sozialisten Mitterrand persönlich unterstützt, die **Opéra National de Paris–Bastille ⓭** am gleichnamigen Platz. In der unmittelbaren Umgebung ließen sich Galerien nieder, und die Pariser Jugend entdeckte das Viertel für ihre nächtlichen Diskotouren.

Einen legendären Ruf als Künstlerviertel hat sich bis heute der **Montmartre** bewahrt. Wer hier spazieren geht, muss allerdings viel Phantasie entwickeln, um sich das Leben der „Bohème" vorzustellen, das einst von Puccini in Musik gesetzt wurde. Jene, die heute in den frisch renovierten Häusern wohnen, gehören zur wohlhabenden Mittelschicht. Heruntergekommen sind höchstens die kleinen Stundenhotels im Rotlichtviertel rund um die **Place Pigalle ⓮**, am Boulevard Rochechouart und am Boulevard de Clichy. Am **Moulin Rouge ⓯**, dem 1889 eröffneten Varieteetheater, das den Cancan weltberühmt machte, beginnt die **Rue Lepic,** die sehenswerte Einkaufsstraße des Viertels. Immer weiter bergan gelangt man zur letzten Mühle des Montmartre, der ****Moulin de la Galette ⓰**. Hier tanzte Paris unter Kastanien, wie es das berühmte Bild von Renoir zeigt. Heute kann man die Mühle nur aus der Distanz bewundern, denn sie steht inmitten einer luxuriösen Wohnanlage, die – streng bewacht – nur noch ihren Bewohnern zugänglich ist. In den winkeligen Straßen auf dem Montmartre, zwischen der über Paris thronenden ***Sacré-Cœur,** der Sühnekirche für den verlorenen Krieg von 1870/71 und die Vergehen der Pariser Kommune, und dem früheren Dorfplatz, der **Place du Tertre ⓱**, herrscht tagaus, tagein drangvolle Enge. Nur an verregneten Wochentagen hat man noch die Chance, einen Hauch jener Stimmung zu erhaschen, die ein kleines Dorf besaß, in dem um die Jahrhundertwende die Menschen lebten, die die Kunst revolutioniert haben.

Praktische Hinweise

❶ 127, av. des Champs-Elysées, F-75008 Paris, ☎ 01 49 52 53 54, 🖶 01 49 52 53 00; ⏱ tgl. 9–20 Uhr.

✈ *Roissy-Charles de Gaulle* (ca. 35 km nordöstlich; *Orly* (25 km südlich); Busse und S-Bahn *(RER)* in die Stadt.

🚄 Züge aus Süddeutschland, aus Österreich und der Schweiz kommen an der *Gare de l'Est* an, Züge aus dem nördlicheren Deutschland an der *Gare du Nord.*

Ⓜ 🚄 Sehr enges Netz von Métrolinien und Bussen. Zehnerkarten *(un carnet)* oder Touristenkarten *(Formule 1* für einen Tag; *Paris Visite* für zwei bis fünf Tage) oder Wochenkarte Mo–So (*coupon hebdomadaire;* Passbild erforderlich!).

Veranstaltungskalender und Museen: Immer mittwochs erscheinen die Wochenprogramme *„Officiel des Spectacles"* und *„Pariscope"* mit einem Überblick über mehr als 100 Museen.

🏨 **Pavillon de la Reine,** 28, pl. des Vosges, ☎ 01 42 77 96 40, 🖷 01 42 77 63 06. Exklusives Hotel am schönsten Platz von Paris. Ⓢ⟩⟩
Bastille Spéria, 1, rue de la Bastille, ☎ 01 42 72 04 01, 🖷 01 42 72 56 38. Hotel zwischen dem beschaulichen Marais- und dem turbulenten Nachtleben im Bastille-Viertel. Ⓢ⟩
Latour–Maubourg, 150, rue de Grenelle, ☎ 01 47 05 16 16, 🖷 01 47 05 16 14. Hotel mit allem erdenklichen Komfort inkl. Suite. Ⓢ⟩
Chopin, 46, passage Jouffroy/Rue Montmartre, ☎ 01 47 70 58 10, 🖷 01 42 47 00 70. Kleines Hotel für Romantiker. Ⓢ
Mistral, 24, rue Cels, ☎ 01 43 20 25 43, 🖷 01 43 21 32 59. Kleines, sehr günstiges Hotel in ruhiger Lage am Montparnasse. Einige Zimmer ohne WC und Dusche. Ⓢ

🍴 **Taillevent,** 17, rue Lamenais, ☎ 01 44 95 15 01. Tgl. außer Sa/So/Fei. Eines der besten Restaurants von Paris und ganz Frankreich. Ⓢ⟩⟩
La Gaudriole, Rue Galérie de Montpensier,

Der Arc de Triomphe bildet den Abschluss der Champs-Elysées

Blick auf die Stadt mit dem Dôme des Invalides im Vordergrund

Sacré-Cœur liegt weithin sichtbar auf der höchsten Erhebung der Stadt

Seite 31

☎ 01 42 97 55 49. Im Sommer tgl.,
sonst So geschl. Unter den Arkaden
des Palais-Royal kann man im Grünen
klassisch französisch essen. $

L'Ecaillé de PCB, 5, rue Mabillon,
☎ 01 43 26 12 84. Tgl. außer Sa mittags
und So. Traditionsreiches Fischrestaurant.
$

P'tit Gavroche, 15, rue Ste-Croix de la
Bretonnerie, ☎ 01 48 87 74 26.
Tgl. außer So. Bistro-Atmosphäre
unter Neonlampen große Portionen für
wenig Geld. $

Am Abend: Die besten klassischen
Konzerte gibt es im *Théâtre du Châtelet,*
im *Théâtre des Champs-Elysées*
und in der *Salle Pleyel.* Oper- und Ballettaufführungen
bieten die beiden
Opernhäuser an der Place de la Bastille
und der Place de l'Opéra (Palais Garnier)
sowie die *Opéra comique.*

Die berühmten Jazzkneipen von Paris
befinden sich in der *Rue des Lombards*
und der *Rue St-Benoît.* Diskos: *Les
Bains* u. a. im Viertel um die Place de la
Bastille *(Rue de Lappe, Rue de la Roquette).*
Sich sehr ähnlich sind die
Shows im *Lido* und im *Moulin Rouge.*

Einkaufen:

Mode: zwischen Boulevard St-Germain,
Rue Bonaparte und der Métrostation
Sèvres-Babylone, im Marais
(v. a. die Rue des Francs-Bourgeois und
die Rue des Rosiers) und rund um die
Place des Victoire (Rue Etienne-Marcel
und Rue des Petits Champs).

Antiquitäten finden sich im *Louvre des
Antiquaires* und im Carré Rive Gauche
(Nähe Quai Voltaire). Flohmärkte Sa
und So in Nähe der Métrostation Porte
de Clignancourt, Porte de Montreuil
und Porte de Vanves.

(Fast) alles auf einen Blick bieten die
Kaufhäuser *Galeries Lafayette* und
Printemps, beide hinter der alten Oper
(Palais Garnier).

Parfum: Guerlain, 68, av. des Champs-Elysées,
eine der berühmtesten Parfümerien
der Stadt.

Ausflüge

Die Ile-de-France ist überaus reich an
Schlössern, Parkanlagen und großen
Kirchen – kein Wunder, liegt doch mit
Paris die Hauptstadt eines zumeist
mächtigen und zentralistisch regierten
Landes in ihrer Mitte.

Louis XIV verlegte 1682 seinen Regierungssitz
nach **Versailles** (19 km westlich).
Das ★★★ *Schloß* symbolisiert den
Aufbau des absolutistischen Staates:
Im Zentrum des Baus, dort, wo sich die
Achsen des Gartens und der Hofseite
kreuzen, liegt das Schlafzimmer des
Sonnenkönigs. Alles ist auf diesen
Mittelpunkt hin ausgerichtet. Ohne
Führung können folgende Räume besichtigt
werden: die *Grands Appartements*
von König und Königin mit dem
Thronsaal, die Kapelle, die zahllosen
Räume der Gemäldegalerie und der
Spiegelsaal, in dem 1871 das Deutsche
Kaiserreich ausgerufen wurde. Für diese
Schmach revanchierte sich Frankreich
ein knappes halbes Jahrhundert
später, als eben jenes Deutsche Reich
am selben Ort 1919 die Versailler Verträge
unterzeichnen musste. Viele andere
historische Räume sind nur mit
Führung zu besichtigen.

Ein ausgedehnter, gut einstündiger
Spaziergang führt nicht nur an den
großen Fontänen vorbei, die der
Sonnenkönig anlegen ließ, sondern
auch zum ★★ *Grand Trianon* aus der
gleichen Zeit. Erst in der Mitte des
18. Jhs. wurde das ★ *Petit Trianon* für
Madame de Pompadour errichtet. Auf
Wunsch der Königin Marie-Antoinette
kam dann später der ★ *Hameau,* ein
Weiler, hinzu.

🚈 RER C bis Endstation Versailles
Rive Gauche. 🕐 Tgl. außer Mo 9 bis
17 Uhr, im Sommer sonntags Wasserspiele
mit Musik.

Eine weitere bedeutende Königsresidenz
in der Pariser Umgebung ist
★★ **Schloss Fontainebleau** (62 km südöstlich).
Immer wieder wurde an der
schließlich unübersichtlich geworde-

Seite 31

nen Anlage inmitten eines weitläufigen Waldes an- und umgebaut, so vor allem im 16. Jh. Damals ließ König François Ier die interessantesten Trakte des Schlosses im Stil der Renaissance errichten und ausschmücken.

🚃 Vorortezug ab Gare de Lyon, in Fontainebleau mit dem Bus zum Schloss. 🕐 Tgl. außer Di 9.30–12.30 und 14–17 Uhr.

Die **✶✶ Kathedrale von Saint-Denis** vor den Toren von Paris (14 km nördlich) ist einer der bedeutendsten Sakralbauten Frankreichs. Mit dem Neubau des Chors, der 1144 vollendet wurde, erlebte die Gotik ihren ersten Höhepunkt. Die Lichtfülle dieser Kirche steht im eklatanten Gegensatz zu den düsteren romanischen Kirchen.

Die Abteikirche von Saint-Denis war seit dem 7. Jh. Grablege der fränkischen und französischen Herrscher.

Ⓜ Linie 13 bis Endstation St-Denis-Basilique. 🕐 Mo-Sa 10–16.30 Uhr, So 12–16.30 Uhr.

In **Chartres** (90 km südwestlich) steht die am besten erhaltene gotische Kathedrale Frankreichs: **✶✶✶** *Notre-Dame de Chartres*. Sie wurde nach der Zerstörung durch einen Brand zwischen 1194 und 1260 erbaut. Aus dieser Epoche stammen noch 160 Glasfenster und die meisten der Skulpturen. Vom Vorgängerbau blieb das Westportal erhalten, dessen frühgotische Figuren nicht weniger berühmt sind.

Versailles gilt als Symbol absolutistischer Macht

🚃 Ab Gare de Montparnasse. Mit dem Auto über die A 6 und die A 10.

Ein Stück Amerika mitten in Frankreich! Der 1992 eröffnete Vergnügungspark **Euro Disney** (32 km östlich) zieht mittlerweile so viele Besucher an, dass man aus den roten Zahlen gekommen ist.

🚃 RER A bis Chessy-Marne-la-Vallée. 🏛 ⚠.

Biblische Gestalten am Portal der Kathedrale von Chartres

Route 1

Seite 39

Verwandtes Grenzland

Elsass, Lothringen und die Champagne
(700 km)

Drei ganz verschiedene Landschaften, jedoch mit viel, auch tragischer Gemeinsamkeit durchquert diese Route. Seit der Teilung des Karolingerreichs 843 war der Osten Frankreichs umkämpft, mehrmals wurden seine Grenzen hin und her verschoben. Beim Schritt über den Rhein öffnet sich kein fremdes Land, eher ein Spiegelbild der deutschen Seite. Viel Fachwerk hier wie dort, die Rebhänge der elsässischen Winzerorte schmiegen sich an die Vogesen wie die badischen Weindörfer an den Schwarzwald – geologisch analoge Reste beiderseits der Bruchzone eines abgetragenen Urgebirges. Nancy, die ehemalige Hauptstadt der lothringischen Herzöge war eine Hochburg des französischen Jugendstils. Allmählich leitet das Lothringer Plateau über zu den Kreideböden der Champagne. Dort im Norden wurden die ersten himmelstürmenden Gotteshäuser der Gotik gebaut, unter denen der Kathedrale von Reims als Krönungskirche der französischen Könige ein besonderer Rang zukam. Mit Soissons und Laon, wo ebenfalls bedeutende gotische Kathedralen stehen, ist man bereits in der Picardie angelangt. Eine Woche sollte man für diese Strecke mindestens ansetzen.

Kein Weg nach Frankreich ist wohl symbolträchtiger als der über die Europabrücke nach ***Straßburg (Strasbourg; 252 000 Einw.). Über Jahrhunderte war das Elsass mit seiner zugleich französischen und deutschen Kultur der Spielball der Nachbarstaaten, von jeher aber auch die Stätte eines Völker verbindenden Austauschs. In ihrem Mittelpunkt ragt als frühes, bereits europäisches Signal das Münster in die Höhe. Vier Jahre nach dem Zweiten Weltkrieg, der auch diesem Meisterwerk Wunden schlug, wurde die Stadt Sitz des Europarats und 1952 des Europaparlaments.

Von den zahlreichen Berühmtheiten Straßburgs sei lediglich auf zwei Männer hingewiesen, die wichtige Lebensabschnitte in der ehemaligen Freien Reichsstadt verbrachten. Der Mainzer Johannes Gutenberg entwickelte hier die Grundlagen seiner Buchdruckerkunst, die er dann in seiner Heimatstadt präsentierte. Der Student Johann Wolfgang von Goethe bestand 1771 sein Doktorexamen in Straßburg, war in die Pfarrerstochter Friederike Brion aus Sessenheim verliebt und stieg immer wieder auf den Münsterturm, um sein Schwindelgefühl zu besiegen. Das Grab des Baumeisters Erwin von Steinbach fand er nicht. Es wurde erst von einem seiner Freunde gleich neben der Kathedrale auf dem kleinen Friedhof wiederentdeckt.

*** *Notre-Dame* heißt dieses zwischen 1176 und 1439 aus rosafarbenem Vogesensandstein erbaute Juwel der Gotik heute. Wie bei vielen Kathedralen, deren Errichtung sich über mehrere Jahrhunderte hinzog, reichten religiöser

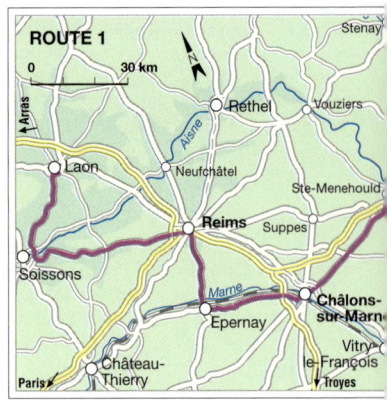

Elan, Geld und Zeit auch in diesem Fall nur für einen Turm. Dieser wurde 1439 vom Kölner Baumeister Johannes Hültz vollendet. In 142 Meter Höhe endet die filigran durchbrochene Turmspitze mit einem Doppelkreuz. Von einem romanischen Vorgängerbau stammen noch die berühmten Skulpturen des südlichen Querhausportals, darunter Ecclesia und Synagoge. Die beiden Frauengestalten symbolisieren das triumphierende Christentum und das abtretende Judentum. Hinter dem Doppelportal warten der sogenannte Engelspfeiler mit seiner ungewöhnlichen Darstellung des Jüngsten Gerichts und die * Astronomische Uhr aus dem 16. Jh. Täglich um 12.30 Uhr werden die Figuren lebendig, und die Apostel ziehen an Christus vorüber. Besonders reicher Skulpturenschmuck ziert das westliche Hauptportal. Hier wie anderswo wurden die Figuren während der Französischen Revolution beschädigt, viele sind Kopien, deren Originale im benachbarten ** Musée de l'Œuvre Notre-Dame zu sehen sind. Es bewahrt auch Relikte anderer elsässischer Sakralbauten, so den „Christuskopf aus Wissembourg" aus dem Jahr 1070, die älteste bekannte figürliche Glasmalerei des Landes (◷ tgl. 10–12 und 14 bis 18 Uhr). Zu den weiteren Attraktionen zählt * La Petite France, das an der Ill gelegene ehemalige Gerberviertel, das

Die rosafarbene Cathédrale Notre-Dame in Straßburg

Die einstige Stauferburg Haut-Kœnigsbourg

abends besonders romantisch wirkt. Der Stadtkern lässt sich mit Ausflugsbooten umrunden.

❶ 17, pl. de la Cathédrale,
F-67000 Strasbourg,
☎ 03 88 52 28 28, 📠 03 88 52 28 29.

🏨 **Europe,** 38, rue Fossé des Tanneurs, ☎ 03 88 32 17 88, 📠 03 88 75 65 45. Schönes Fachwerkhaus zwischen Münster und Petite France. Ⓢ
Gutenberg, 31, rue des Serruriers, ☎ 03 88 32 17 15, 📠 03 88 75 76 67. Ruhig, mit alten Möbeln, in Münsternähe. Ⓢ

🍴 **Maison Kammerzell,** 16, pl. de la Cathédrale, ☎ 03 88 32 42 14. Elsässer Spezialitäten wie Zwiebelkuchen, Kalbsragout und Sauerkraut. Ⓢ
A l'Ancienne Douane, 6, rue de la Douane, ☎ 03 88 32 42 19. Brasserie mit Terrasse über der Ill, empfehlenswert: Forelle in Riesling, Fr/Sa Baeckeoffe. Ⓢ

Nur eine Autoviertelstunde Richtung Vogesen liegt *Marlenheim* (3000 Einw.) mit seinen alten Winzerhöfen am Nordende der **★ Elsässischen Weinstraße.** Die beschilderte Route führt südwärts zuerst nach *Avolsheim* mit der frühromanischen Kapelle **★** St-Ulrich mit interessanten Fresken und weiter nach *Molsheim.* Hier wurde im 17. Jh. eine originelle Jesuitenkirche in gotischen Formen errichtet, außerdem gibt es in der Stiftung Bugatti Exemplare der einst hier gebauten Rennwagen zu sehen.

❶ 17, pl. de l'Hôtel de Ville, F-67125 Molsheim, ☎ 03 88 38 11 61, 📠 03 88 49 80 40.

Festungen wachen über viele elsässische Winzerorte, doch ist die **★★ Haut-Kœnigsbourg** bei *Sélestat* besonders imposant. Die einstige Stauferburg wurde von Kaiser Wilhelm II. Anfang des 20. Jhs. wieder aufgebaut und ist als grandioses Mittelaltersymbol ein populäres Ausflugsziel (🕐 1. Juni bis 30. September tgl. 9–18 Uhr). Unweit liegen zwei bekannte Fachwerkdörfer:

★Ribeauvillé mit seinem pittoresken Marktplatz, den das barocke Rathaus, der Metzgerturm und ein Renaissancebrunnen umgeben, und das fast museal wirkende, sehr überlaufene **Riquewihr.** In *Kaysersberg* steht das Geburtshaus des Urwalddoktors Albert Schweitzer.

★★ Colmar (68 000 Einw.) in der Rhein-Ebene ist eine alte Handelsstadt. Aus ihrer Blütezeit zwischen dem 13. und dem 18. Jh. hat sie sich nicht nur einen sorgsam restaurierten Altstadtkern, sondern auch unschätzbare Kunstwerke bewahrt. Grünewalds **★★** *Isenheimer Altar,* gemalt um 1515, ist der kostbarste Besitz des Musée d'Unterlinden (🕐 April bis Okt. tgl. 9–12 und 14 bis 18 Uhr). Die Dominikanerkirche schlägt ihre Besucher mit Martin Schongauers nur wenig früher entstandener **★★** *Madonna im Rosenhag* in Bann.

❶ 4, rue des Unterlinden, F-68000 Colmar, ☎ 03 89 37 96 20, 📠 03 89 41 34 13.

🏨 **Rapp,** 1, rue Weinemer, ☎ 03 89 41 62 10, 📠 03 89 24 13 58. Mit Schwimmbad, in der Altstadt. Ⓢ

In **Mulhouse** (125 000 Einw.) kommen vor allem Freunde technischer Errungenschaften auf ihre Kosten: Hervorragende Museen sind der französischen Eisenbahn, der Geschichte des Stoffdrucks und der Elektrizität sowie der Tapetenherstellung gewidmet. Das **★** *Musée national de l'Automobile* zeigt hunderte europäischer Oldtimer.

❶ 9, av. du Maréchal-Foch, F-68100 Mulhouse, ☎ 03 89 45 68 31, 📠 03 89 54 66 16.

Abstecher in die Franche-Comté

Auf der Autobahn erreicht man von Mulhouse aus schnell die in der Burgundischen Pforte gelegenen einstigen Festungsorte: **Belfort** wachte am Fuß der Vogesen über dieses klassische Einfallstor unerwünschter Invasoren. Die 1955 von Le Corbusier auf den südlichs-

1

Seite 39

ten Vogesenausläufern erbaute Kapelle *Notre-Dame-du-Haut* bei Ronchamp ist nicht nur für Christen, sondern auch für all jene, die sich für Sakralarchitektur interessieren, ein Wallfahrtsort. **Montbéliard** am Fuß des Jura besitzt ein Schloss; als nächste Zitadelle schließt dann die alte Römerstadt **Besançon** diesen Festungsriegel. Umgebaut und erweitert wurden die Anlagen nach dem Westfälischen Frieden und dem Anschluss des Elsass unter Louis XIV durch dessen Festungsbaumeister, Marschall Vauban.

Molsheim liegt an der Elsässischen Weinstraße

Von *Thann* aus führt die **Route des Crêtes,** eine kurvenreiche Höhenstraße mit hervorragenden Aussichten, hinüber nach Lothringen. Bald erreicht man den *★ Grand Ballon* (1424 m), den höchsten Gipfel der Vogesen. Nach einem viertelstündigen Fußmarsch vom ehemaligen Hotel am Pass aus umfasst das Panorama bei klarem Wetter auch Schwarzwald, Jura und Alpen. Durch Tannenwälder und Felder wilder Narzissen, die im Frühjahr blühen, geht es hinunter in den Urlaubs- und Wintersportort *Gérardmer.*

Entlang der oberen Mosel führt die Straße nach **★★ Nancy** (99 000 Einw.), der ehemaligen Hauptstadt der Herzöge von Lothringen. König Louis XV setzte seinen Schwiegervater, den geschassten Polenkönig Stanislas Leszczynski, als Lehnsherren ein. Der Exmonarch baute Prächtiges mit königlichen Geldern, war aber klug genug, auch Louis einen Triumphbogen zu errichten. Herzstück der Umgestaltung der Stadt unter dem Polen ist die **★★★** *Place Stanislas* mit ihrer hinreißenden, harmonischen Verbindung von öffentlichen Gebäuden, Pavillons und kunstvoll geschmiedeten, vergoldeten Gittern. Bis 1756 hieß sie Place Royale; das Denkmal von Stanislas steht erst seit dem 19. Jh. in der Mitte des Platzes.

Place Stanislas in Nancy mit der Eglise des Cordeliers

Die Kathedrale St-Etienne in Metz

Emile Gallé und die Brüder Daum begründeten Ende des 19. Jhs. in Nancy den Jugendstil französischer Prägung, der als Art nouveau internationalen Ruhm erwarb. So ist die Sammlung im ** *Musée de l'Ecole de Nancy* als absolut großartig zu bezeichnen (◷ tgl. außer Di 10–12 und 14–18 Uhr)!

Einige Bürgerhäuser, beispielsweise in der *Rue Stanislas* und der *Rue Mazagran,* sind weitere eindrucksvolle Beispiele für den *style nouille,* den „Nudelstil", wie die Franzosen spotten.

❶ 14, pl. Stanislas, F-54000 Nancy, ☎ 03 83 35 22 41, 📠 03 83 37 63 07.

Ⓗ **Grand Hôtel de la Reine,** 2, pl. Stanislas, ☎ 03 83 35 03 01, 📠 03 83 32 86 04. Luxus à la Stanislas, Restaurant im Stil Louis-XV mit klassischen Regionalgerichten wie Rindspastete in Pinot noir. Ⓢ⟩⟩

Die größte Stadt Lothringens, ** **Metz** (120 000 Einw.), war die vorgeschobene Bastion Frankreichs und nach 1871 Stätte deutscher Überheblichkeit. Den pompösen neoromanischen Bahnhof ließ Kaiser Wilhelm II. 1908 so anlegen, dass er hoch zu Ross bis zu seinem Salonwagen gelangen konnte. In das hohe Schiff der gotischen Kathedrale * *Saint-Etienne* (13.–16. Jh.) strömt durch 6000 m² Buntglasfenster Licht. Die ältesten dieser Scheiben stammen vom Baubeginn, die jüngsten schuf Marc Chagall 1963. Die *Esplanade* hinter dem Justizpalast und der *Moyen Pont* bieten einen schönen Ausblick auf einen ganzen Fächer von Mosel-Armen.

❶ Pl. d'Armes, F-57007 Metz, ☎ 03 87 55 53 76, 📠 03 87 36 59 43.

Weiter in Richtung Champagne, aber noch in Lothringen, liegt * **Verdun** (21 000 Einw.), heute eine fast idyllische Kleinstadt. In ihrem weit verzweigten Festungssystem bekämpften sich im Ersten Weltkrieg Deutsche und Franzosen 18 Monate lang mit Trommelfeuer, Giftgas und blankem Bajonett: 400 000 Tote blieben auf beiden

Seiten, die Gebeine von 130 000 unbekannten Soldaten birgt eine Totenhalle bei *Douaumont.*

❶ Pl. de la Nation, F-55100 Verdun, ☎ 03 29 86 14 18, 📠 03 29 84 22 42.

Mit ihren Kreideböden bildet die Umgebung von ** **Epernay** (27 000 Einw.) den optimalen Untergrund für die Chardonnay- und die Pinot-noir-Rebe, aus der ein Großteil des Champagners erzeugt wird. In den Kalkhügeln wurde ein ganzes Labyrinth von Weinkellern angelegt, in dem das edle Produkt in Millionen Flaschen zur Reife gelangt.

Über die Herstellungsmethoden informieren Führungen durch die bekannten Kellereien, beispielsweise *Moët et Chandon* oder *Mercier.*

❶ 7, av. de Champagne, F-51202 Epernay, ☎ 03 26 55 33 00, 📠 03 26 51 95 22.

Ⓗ **Les Berceaux,** 13, rue des Berceaux, ☎ 03 26 55 28 84, 📠 03 26 55 10 36. Ehrwürdiges Stadthaus im Zentrum mit renommiertem Restaurant. Ausgezeichneter Heilbutt. Ⓢ

Nach ** **Reims** (180 000 Einw.) führt eine fast gerade Straße durch den Regionalen Naturpark, doch sollte man sich die Zeit nehmen, auf den kleinen Wegen durch diese Hügellandschaft mit Wäldern, Weinfeldern und kleinen Dörfern zu bummeln. Nationale Bedeutung besaß die zweite, große Champagnerstadt vom 12. Jh. bis 1825 als der Ort, in dem Frankreichs Könige gekrönt und gesalbt wurden. Die Tradition wurde auf die Taufe des Merowingerkönigs Chlodwig zurückgeführt. Damals soll eine Taube eine Ampulle mit heiligem Öl gebracht haben, der dann bei den späteren Zeremonien jeweils ein Tropfen zur Salbung des Königs entnommen wurde. Die Kathedrale *** *Notre-Dame* besitzt eine der schönsten Fassaden der gotischen Baukunst, die insgesamt rund 2300 Figuren schmücken. Die Buntglasfenster mussten nach den Schäden der beiden Weltkriege nach und nach erneuert werden: Im

Chor erstrahlen seit 1974 überwiegend in Blau gehaltene, von Marc Chagall entworfene biblische Szenen. Im angrenzenden *Palais du Thau,* dem ehemaligen Bischofspalast, in dem nach den Krönungen getafelt wurde, ist kostbares Kirchengut ausgestellt.

Die namhaften Champagnerfirmen von Reims nutzen Kalksteingalerien aus gallorömischer Zeit im Norden und Süden der Stadt. *Pommery* zeigt u. a. ein 75 000-Liter-Fass, *Taittinger* 15 Mio. Flaschen Champagner im Reifungsprozess.

Reims: Fassade der Kathedrale

❶ 2, rue Guillaume-de-Machault, F-51100 Reims, ☎ 03 26 77 45 25, 🖷 03 26 77 45 27.

🏨 **Quality Hôtel,** 37, bd Paul-Doumer, ☎ 03 26 40 01 08, 🖷 03 26 40 34 13. Sehr ruhig am Marne-Kanal. $

🍴 **La Vigneraie,** 14, rue de Thillois, ☎ 03 26 88 67 27. Im Zentrum. Zander mit Schalottenkompott, Schnecken in Petersiliensaft. $

Wer sich für die Gotik interessiert, wird gleich noch zwei Mal fündig: ＊*Notre-Dame* in **Soissons** wurde im Ersten Weltkrieg bis auf Chor und Querhaus zerstört. Der im 12. Jh. begonnene, nie fertig gestellte Bau fasziniert dennoch durch die Reinheit seiner Linien und seine innere Symmetrie.

Ebenfalls der Gottesmutter geweiht ist die Kathedrale ＊＊*Notre-Dame* in **Laon** (26 500 Einw.) Sie ist einer der frühesten gotischen Kirchenbauten, der bereits 1235 abgeschlossen werden konnte. Zwei der ursprünglich sieben kühnen Türme wurden in der Revolution zerstört. Eine Seilbahn trägt zur weithin sichtbaren Altstadt hinauf.

❶ Pl. du Parvis de la Cathédrale, F-02000 Laon, ☎ 03 23 20 28 62, 🖷 03 23 20 68 11.

🏨 **St-Vincent,** Av. Charles-de-Gaulle, ☎ 03 23 23 42 43, 🖷 03 23 79 22 55. Einfach, sauber, an der Zufahrt zur Stadt für alle, die von Reims kommen. $

Die Gotik

Die berühmten Kathedralen standen schon, als 1619 in Frankreich das Wort *gothique* zum ersten Mal diesen Stil bezeichnete. Er war leicht abwertend gemeint und umfasste die gesamte Architektur des Mittelalters. Um 1140 wurden bereits während der Romanik gelegentlich verwendete Bauelemente, wie der Spitzbogen und das Kreuzrippengewölbe, auf neue Weise miteinander verbunden. Die Rippen leiten den Druck der Gewölbe auf Pfeiler und erlauben die Öffnung der nun entlasteten Wand mit riesigen Fensterflächen. Während der Hochgotik wird dann das für die Statik der immer höheren Bauten unerlässliche Strebewerk als eigenständiges Stilelement hervorgehoben. Noch leichter wirkende, sich weiter öffnende Außenmauern, von ganzen Bündeln dünner Dienste umgebene Pfeiler und aus Nischen hervortretende Figuren kennzeichnen die Bauten im 14. Jh. Die Westfassade des Straßburger Münsters ist hierfür ein Beispiel. Ihre flammenden, züngelnden Formen gaben dem *style flamboyant,* der Spätgotik, ihren Namen. Sie kehrt im 15. Jh. zu monolithischen Säulen zurück, doch wird die Dekoration stets mehr und immer kleinteiliger. Komplizierte Rippen überziehen die Gewölbe.

Route 2

Auf den Spuren der Wikinger

2

Seite
45

Durch Picardie und Normandie (800 km)

Das Plat pays, das der Belgier Jacques Brel als seine Heimat besang, setzt sich in der Picardie und dem normannischen Pays de Caux fort. Dramatik gewinnt es dort, wo es schroff zum Meer hin abfällt. Zwischen grandiosen Felsformationen ducken sich Badeorte. Die Lebensader des Hinterlands ist die Seine. Im 9. Jh. gelangten die Nordmänner mit ihren Drachenbooten auf ihr bis nach Paris, in friedlicheren Zeiten war der Fluss ein bedeutender Handelsweg. Die Route führt über Amiens mit seiner großartigen Kathedrale entlang der Küste in die Hauptstadt der Normandie, Rouen, und bis zur Grenze der Bretagne, die der Mont Saint-Michel markiert. Eine Woche Reisezeit einzuplanen, dürfte wohl angebracht sein.

In ****Amiens** (132 000 Einw.), der Hauptstadt der Picardie, setzte ein Garnisonshauptmann der römischen Legion im 4. Jh. ein spektakuläres Zeichen christlicher Nächstenliebe: Er teilte seinen Mantel mit einem Schwerthieb und legte eine Hälfte einem frierenden Bettler um die Schultern. Bis heute wird er als Sankt Martin im gesamten christlichen Abendland verehrt. Amiens hat in beiden Weltkriegen besonders gelitten. 1918 stand die Stadt im Mittelpunkt der letzten Somme-Offensive und auch 1940 brannte sie lichterloh. Zu 60 Prozent zerstört, konnte sie ihrer unversehrt gebliebenen Bischofskirche nur noch Kontrapunkte zeitgenössischer Architektur entgegensetzen. *****Notre-Dame** gehört zu den klassischen goti-

schen Kathedralen und wirkt dank einer erstaunlich kurzen Bauzeit (1220 bis ca. 1288) wie aus einem Guss. Die Marienkirche diente übrigens dem Kölner Dom als Vorbild. Die Hauptfassade mit drei Portalen und zwei Galerien darüber zeigt rund um die berühmte, als *Beau Dieu* bezeichnete Christusfigur unzählige Szenen aus dem Alten und Neuen Testament. Die beiden unvollendeten Türme rahmen die Fensterrose im Flamboyantstil aus dem 16. Jh. Der aus Kastanienholz gezimmerte und mit Blei eingedeckte Vierungsturm reckt sich 112 m hoch empor. Die innere Höhe des Schiffs (42,5 m bei 145 m Länge) wird in Frankreich von keiner Kirche übertroffen. Die Arkaden des ganz leicht wirkenden Innenraums nehmen genau die Hälfte dieser Höhe ein, so viel wie Triforium und Obergaden zusammen. Das figurenreiche Chorgestühl mit 110 Sitzen wurde 1508–1519 aus Eiche geschnitzt.

ROUTE 2

0   50 km

Ein Stück flussaufwärts, am anderen Ufer der Somme erstrecken sich seit dem Mittelalter die *hortillonages,* von einem Kanalgeflecht durchzogene Gärten. Das frische Gemüse und die Früchte wurden einst von flachen Booten aus an den Verbraucher verkauft.

ⓘ 6 bis, rue Dusevel, F-80000 Amiens, ☎ 03 22 71 60 50, 📠 03 22 71 60 51.

🏨 **Grand Hôtel de l'Univers,** 2, rue Noyon, ☎ 03 22 91 52 51, 📠 03 22 92 81 66. An einem kleinen Platz nahe der Kathedrale. Ⓢ

🍴 **Les Marissons,** Pont Dodane, ☎ 03 22 92 96 66. Elegantes Lokal in einer umgebauten Bootsbauerwerkstatt, große Auswahl ungewöhnlicher Gerichte. Ⓢ

Die Mündungsbucht der Somme wird mit ihren Marschen und Verlandungszonen auch als „Camargue des Nordens" bezeichnet. Einen Besuch lohnen

Notre-Dame in Amiens gehört zu den Meisterwerken der klassisch gotischen Kathedralen Frankreichs

2

Seite 45

hier **Saint-Valéry** und **Le Crotoy,** verträumte Fischerdörfer mit altertümlichen Gassen. Am Nordstrand befindet sich in den Dünen der *Parc Ornithologique du Marquenterre* (🕐 15. März bis 15. November tgl. 9.30–19 Uhr). Von versteckten Plätzen aus kann man bei auflaufender Flut landwärts ziehende, teils selten gewordene Wasservögel beobachten.

Westlich der Somme-Bucht reihen sich interessante, sehr unterschiedliche Küstenorte aneinander. Ein traditioneller Badeort an der Grenze zwischen Picardie und Normandie ist **Le Tréport.**

Der Strand von *Dieppe* (36 000 Einw.) war 1942 Schauplatz eines gescheiterten anglokanadischen Landungsversuchs. Heute hat die Hafenstadt vor allem als Fischereizentrum, Südfruchtterminal und Fährhafen nach Newhaven in England Bedeutung. Wie viele andere Bauten in der Region ist das *Schloss* schichtweise aus Ziegeln und Flint errichtet. Es stammt aus dem 15. Jh. und beherbergt inzwischen ein *Museum* mit Elfenbeinschnitzkunst, ein Handwerk, für das Dieppe einst berühmt war. Außerdem gibt's phantastische Schiffsmodelle und einen Raum mit Graphiken von Georges Braque zu sehen (🕐 tgl. 10–12 und 14–17/18 Uhr). Der Künstler ist in *Varengeville* in einer Kapelle, deren Fenster er gestaltete, hoch oben über dem Meer begraben.

🛈 Pont d'Ango, F-76204 Dieppe,
☎ 02 35 84 11 77, 📠 02 35 06 27 66.

🏠 **Aguado,** 30, bd de Verdun,
☎ 02 35 84 27 00, 📠 02 35 06 17 61. Zwischen Hafen und Strand. Alle Zimmer mit Seeblick. Ⓢ

🏠 **Au Grand Duquesne,** 15, pl. St-Jacques, ☎ 02 35 84 21 51. Im Stadtkern, klassische Küche und jede Menge Fisch und Meeresfrüchte in unterschiedlichsten Variationen. Ⓢ

Der Hafen von *Fécamp* (21 000 Einw.) lebt hauptsächlich von der Einfuhr von Holz und Stahl aus Skandinavien. Bis 1973 war er noch Stützpunkt des Dorschfangs vor der Küste von Neufundland. Das *Musée des Terre-Neuves* ist dieser dramatischen Epoche gewidmet, die viele Menschenleben kostete (🕐 tgl. außer Di 10–12 und 14 bis 17.30 Uhr). Der Ursprung des Ortes wird auf ein Wunder zurückgeführt: Ein Feigenstamm, der ein winziges Gefäß mit einigen Blutstropfen Christi in sich barg, soll der Legende nach hier angeschwemmt worden sein. Die Reliquie wird in der riesigen, im wesentlichen frühgotischen *Eglise de la Trinité* aufbewahrt. Nur ihre zentrale Chorkapelle wurde im 15. Jh. in spätgotischen Formen erneuert. An das Wissen der Mönche um heilkräftige Kräuter und exotische Gewürze knüpft die Produktion des Likörs Bénédictine an. Für sie wurde Ende des 19. Jhs. ein nun als Museum dienender Bau errichtet, der einem Kloster nachempfunden ist (🕐 Führungen mit Kostprobe tgl. 9.30 bis 11.30 und 14–17.30 Uhr).

Fast alle Orte westlich von Dieppe liegen in Einschnitten der vom Meer umtosten Steilküste, die sich nun bis nach Le Havre **Côte d'Albâtre,** Alabasterküste, nennt. Doch keiner wird von einer so dramatisch-schönen Naturkulisse gerahmt wie **Etretat** (1500 Einw.). Zwei gewaltige Felsentore, die *Falaise d'Amont* und die *Falaise d'Aval* flankieren den Badeort. Vor letzterer ragt eine 50 m hohe Felsnadel auf. Sie spielt eine geheimnisvolle Rolle in der Erzählung vom Meisterdieb Arsène Lupin, der angeblich in ihr ein Versteck hatte.

Den schönsten Blick auf diese von Wind und Wellen geformten Gebilde hat man vom einstigen Pfad der Zöllner, *Sentier des Douaniers,* aus. Auch die Terrassen der Restaurants am Kieselstrand bieten nicht nur *fruits de mer,* sondern auch ein lohnendes Panorama.

🛈 Pl. Guillard, F-76790 Etretat,
☎ 02 35 27 05 21, 📠 02 35 29 39 79.

🏠 **Dormy House,** Route du Havre,
☎ 02 35 27 07 88, 📠 02 35 29 86 19. Mitten in einem, Blick auf die Felsentore. Ⓢ

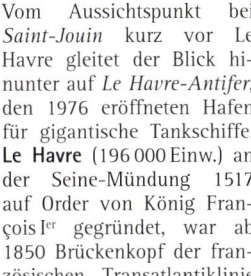

Vom Aussichtspunkt bei *Saint-Jouin* kurz vor Le Havre gleitet der Blick hinunter auf *Le Havre-Antifer,* den 1976 eröffneten Hafen für gigantische Tankschiffe. **Le Havre** (196 000 Einw.) an der Seine-Mündung 1517 auf Order von König François Ier gegründet, war ab 1850 Brückenkopf der französischen Transatlantiklinie

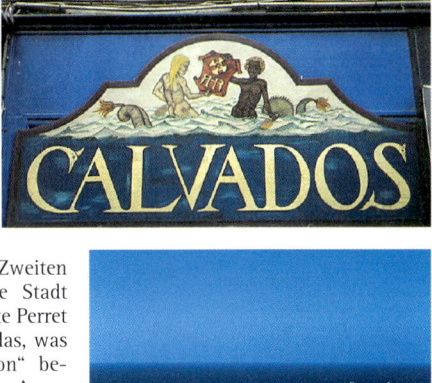

2

Seite 45

nach New York. Die nach dem Zweiten Weltkrieg fast völlig zerstörte Stadt wurde nach Plänen von Auguste Perret wieder aufgebaut, doch wirkt das, was einst als „Symphonie in Beton" bejubelt wurde, heute eher trist. Anregender ist ein Besuch des **Musée des Beaux-Arts André-Malraux,** das in lichter, maritimer Atmosphäre eine großartige Sammlung von Werken der Impressionisten sowie von Eugène Boudin, Paul Gauguin und dem in Le Havre geborenen Raoul Dufy zeigt (◷ tgl. außer Di und Fei 10–12 und 14–18 Uhr).

❶ Forum de l'Hôtel de Ville, F-76059 Le Havre, ☎ 02 35 21 22 88, 🖷 02 35 42 38 39.

Seit 1995 erreicht man über den *Pont de Normandie* in 20 Minuten die andere Seite des Mündungstrichters der Seine. Die Brücke hat eine Durchfahrtshöhe von 60 m und eine Spannweite von 856 m. Doch es lohnt sich, zunächst flussaufwärts bis **Rouen** (103 000 Einw.) zu fahren. Dort ließ sich Anfang des 10. Jhs. der Wikinger Rollo taufen und zum ersten Herzog der Normandie machen.

Die spektakuläre Steilküste bei Etretat in der Normandie

Traurige Berühmtheit erwarb sich Rouen mit dem Prozess gegen Jeanne d'Arc, die 1431 auf der *Place du Vieux-Marché* als Ketzerin verbrannt wurde.

Die Stadt ist ein Museum gotischer Meisterwerke. Die

Mit farbenfrohem Fachwerk schmückt sich Rouen in der Rue Marteinville

himmelstürmende Fassade der Kathedrale ***Notre-Dame** (ab 12. Jh.) wurde von Claude Monet mindestens zwanzigmal unter den verschiedensten Lichtverhältnissen gemalt. Der ältere, linke Turm ist frühgotisch, der rechte, der sogenannte Butterturm wurde erst im 16. Jh. vollendet. Er wurde aus Spenden von Bürgern errichtet, die dafür das Recht erhielten, auch während der Fastenzeit Butter und andere Milchprodukte zu verzehren.

In der Marienkapelle in Verlängerung des Chors steht das pompöse Grabmal der Kardinäle von Amboise, eines der frühen Werke der französischen Renaissance.

Die Pfarrkirche **Saint-Maclou**, ab 1437 in rund 80 Jahren errichtet, ist ein Juwel der Spätgotik. Das 1499 ebenfalls in diesem Stil begonnene *Palais de Justice* war eine Zeitlang Sitz der Vorgängerinstitution des normannischen Parlaments. Unter seinem Hofpflaster entdeckte man Reste einer Synagoge, die ins 12. Jh. zurückgehen und damit zu dem bislang ältesten jüdischen Bauwerk in Europa gehören.

❶ 25, pl. de la Cathédrale, F-76008 Rouen, ☎ 02 32 08 32 40, 🖷 02 32 08 32 44.

🏠 Vieille Tour, 42, pl. Haute Vieille Tour, ☎ 02 35 70 03 27, 🖷 02 35 98 08 54. Nur ein paar Schritte von Notre-Dame und Saint-Maclou entfernt. ⓢ

🍴 La Couronne, 31, pl. du Vieux-Marché, ☎ 02 35 71 40 90. Normannisches Ambiente aus dem 14. Jh. Spezialität sind gefüllte Lammfüße. ⓢ

Abstecher zum Château Gaillard

Knapp 40 km seineaufwärts ist man rasch in **Les Andelys** (8500 Einw.). 1196 ließ der englische König Richard I. Löwenherz, der zugleich Normannenherzog und damit auch Vasall des französischen Monarchen war, auf einem 100 m hohen Felsen über einer Schleife des Flusses *Château Gaillard* erbauen. Die Festung galt als die ausgeklügeltste Anlage ihrer Zeit und als absolut uneinnehmbar. Erst nach Richards Tod geriet sie durch eine List in die Hände der Franzosen – ein wichtiger Schritt bei der Eroberung der Normandie, die 1204 an König Philippe II Auguste fiel. Das Bauwerk und seine herrliche Lage faszinieren noch immer.

❶ 1, rue Philippe-Auguste, F-27702 Les Andelys, ☎ 02 32 54 41 93.

🏠 🍴 Normandie, 1, rue Grande, ☎ 02 32 54 10 52, 🖷 02 32 54 25 84. Freundliche Zimmer. Nostalgisches Gartenrestaurant am Ufer der Seine, normannische Spezialitäten. ⓢ

———

Westlich von Rouen bahnt sich die Seine in engen Schleifen ihren Weg zum Meer. Wo noch heute alles nach ländlicher Idylle aussieht, wurde bereits im 7. Jh. die **Abtei Jumièges** gegründet. Die Wikinger verwüsteten das Refugium der Mönche, die darauf einen Neubau errichteten. 1067 wurde er im Beisein Wilhelm des Eroberers geweiht.

Während der Französischen Revolution verkaufte man das Kloster als Steinbruch, das heute als „die schönste Ruine Frankreichs" gilt.

Die letzte Seine-Schleife vor der Mündung begrenzt den **Marais Vernier,** ein von einem Deich gesichertes Verlandungsgebiet, das zum *Parc Régional de Brotonne* gehört. Schottische Hochlandrinder und Camargue-Pferde grasen im harten Sumpfgras. Die *Route des Chaumières* führt an unverfälschten, alten Fachwerkgehöften vorbei.

Honfleur (8300 Einw.) verdankt sein weitgehend erhaltenes historisches Stadtbild dem schnellen Aufstieg des benachbarten Le Havre. So bestand kein Anlass zur Modernisierung, zumal Honfleur auch kein Ziel alliierter Bombardements gewesen war. Da der Baugrund rund um den **Vieux Port**

Seite 45

2

Seite
45

besonders begehrt war, baute man ungewöhnlich schmale und nur einen Raum tiefe, dafür aber bis zu fünf Stockwerke hohe Häuser. Die Kirche *Sainte-Cathérine* wurde 1468 von Schiffszimmerleuten errichtet. Nur die Fundamente für die Holzwände und Eichenpfeiler sind gemauert, die Dächer der zweischiffigen Kirche wurden wie umgedrehte Bootsrümpfe konstruiert.

Das in einem modernen Gebäude eingerichtete *★ Musée Eugène-Boudin* ist jenem Maler aus Honfleur gewidmet, der das Talent des jungen Monet entdeckte.

❶ Pl. Arthur-Boudin,
F-14602 Honfleur, ☏ 02 31 89 23 30,
🖷 02 31 89 31 82.

🏠 **L'Ecrin,** 19, rue Emile-Boudin,
☏ 02 31 14 43 45, 🖷 02 31 89 24 41.
Ein fast museales Herrenhaus in der Altstadt. Ⓢ

🍴 **Terrasse de l'Assiette,**
8, pl. Ste-Cathérine, ☏ 02 31 89 31 33.
Gegenüber der Holzkirche, regionale Küche. Ⓢ

Entlang der nun folgenden **Côte Fleurie,** der Blütenküste, liegen die schicken Badeorte dicht an dicht. *Deauville* hat dem älteren *Trouville* längst den Rang abgelaufen. Auch ein Abstecher landeinwärts, ins *Pays d'Auge* mit seinen unvergleichlichen Fachwerkbauten lohnt sich.

★★ Caen (113 000 Einw.) steht im Zeichen Wilhelm des Eroberers. 1060 ließ er die Zitadelle mitten in der Stadt errichten. In der 1066 romanisch begonnenen und gotisch vollendeten Kirche **★★** *Saint-Etienne,* die zur *Abbaye aux Hommes* gehört, wurde er bestattet. Das Grab ist leer, geplündert in den Religionskriegen und während der Französischen Revolution. Die Gemahlin des Eroberers, Mathilde von Flandern, ruht am anderen Ende der Stadt in der *★ Abbaye aux Dames.* Das Herzogspaar hatte persönlich beide Klöster zur Sühne für seine Heirat trotz allzu enger Verwandtschaftsbeziehung gestiftet.

Blick auf den Alten Hafen von Honfleur

Die Impressionisten

Gegen die Lehren der Pariser Akademie, die jungen Künstlern vor allem die Bedeutung sorgfältiger Zeichnung, strenger Komposition und die Auswahl klassischer Themen predigte, rührte sich seit der Mitte des letzten Jahrhunderts verstärkter Protest. Aufbauend auf den Werken der sogenannten Freilichtmaler, der Romantiker und der Realisten entwickelten einige Künstler eine völlig neue Sicht- und Darstellungsweise. Bis zum Deutsch-Französischen Krieg 1870/71 war die Normandie ein bevorzugtes Ausflugs- und Aufenthaltsgebiet der zumeist in Paris lebenden Maler. Manche dieser größtenteils bettelarmen Avantgardisten hatten zwar immer wieder schwere Zerwürfnisse miteinander, doch reichte die Einigkeit, um 1874 eine erste Gruppenausstellung im Atelier des Fotografen Nadar in Paris zu organisieren. Claude Monet stellte einen Sonnenaufgang über der Seine aus, den er von einem Fenster in Le Havre aus festgehalten hatte. Das Bild trug in Ermangelung eines präziseren Titel *„Impression – soleil levant"* – womit die neue Stilrichtung ihren Namen weg hatte.

Während Caen bei der Landung der Alliierten schwer mitgenommen wurde, blieb das nahe *Bayeux (15 000 Einw.) unversehrt. Hier hängt das einzigartige fast tausend Jahre alte gut erhaltene Dokument über Wilhelms kriegerische Großtat: der mit Wolle gestickte ** Teppich der Königin Mathilde. Rund zehn Jahre nach der Eroberung Englands wurde das Ereignis in 58 Szenen auf einem nur 50 cm breiten, aber knapp 70 m langen Leintuch festgehalten. Präsentiert wird diese Kostbarkeit in einem sehr stimmungsvollen ehemaligen Priesterseminar (⏲ tgl. 10–17 Uhr; Tonbildschauen auch auf Deutsch).

❶ Pont St-Jean, F-14403 Bayeux, ☎ 02 31 51 28 28, 🖷 02 31 51 28 29.

🏠 🍴 **Churchill**, 14, rue St-Jean, ☎ 02 31 21 31 80, 🖷 02 31 21 41 66. In der Fußgängerzone. Die Küche bietet normannische Spezialitäten. Ⓢ

An einem langen Küstenabschnitt nördlich von Bayeux begann das andere große Landungsunternehmen der Geschichte: In der Nacht zum 6. Juni 1944 griffen alliierte Streitkräfte den von den Deutschen errichteten Atlantikwall an und durchbrachen ihn in tagelangen, verlustreichen Kämpfen.

Die Namen der taktischen Landezonen von *Sword Beach* an der Orne-Mündung bis *Utah Beach* im Westen sind noch heute auf den Landkarten eingezeichnet. Wie hart die Strände umkämpft waren, zeigen die bedrückend vielen Soldatenfriedhöfe.

Durch die Milch- und Butterregion um *Isigny-sur-Mer* und *Carentan* geht es hinüber zur Westküste der Halbinsel *Cotentin*. Ein Höhepunkt normannischer Gotik ist die ** *Kathedrale* von **Coutances** (9700 Einw.). Sie wurde 1056 von einem Waffenbruder Wilhelms begonnen und im 13. Jh. nach einem Brand gotisch erneuert. Im Inneren fasziniert der Blick in den 57 m hohen Vierungsturm.

Auf der Fahrt nach Süden rückt auf einmal der Kegelberg des ***Mont Saint-Michel in den Blick. Dem später heilig gesprochenen Bischof Aubert soll in *Avranches* im Jahr 709 zweimal der Erzengel Michael mit dem Auftrag erschienen sein, ihm auf dem Felsen im Watt ein Heiligtum zu errichten. 966 begannen dann Benediktiner auf dem schmalen Steinsattel mit dem Bau einer ersten Kirche, die später als Fundament für eine romanische Kirche diente, die aber wiederum bei der Eroberung der Normandie durch die Franzosen 1204 in Mitleidenschaft gezogen wurde. Eine gotische Anlage folgte, deren Anziehungskraft als Wallfahrtsort auch in den schlimmsten Kriegszeiten nicht erlosch. Auf mehreren Etagen erhebt sich nun ein ganzes Labyrinth von Räumlichkeiten. Als *la Merveille,* das Wunder des Michaelsberges, wird der dreigeschossige gotische Trakt bezeichnet. Ganz unten liegt der Saal für arme Pilger, der noch den Stil wuchtiger Spätromanik zeigt. Darüber folgt der sogenannte Rittersaal, in dem die Mönche Handschriften kopierten aber auch hohe Gäste empfingen. Ganz oben, neben dem Refektorium öffnet sich der Kreuzgang in schlichter, himmelstrebender Gotik mit seinem Garten.

Auf der Westseite gibt eine sturmsichere Glasscheibe zwischen den Säulen den Blick auf das Meer frei.

Mit 2,5 Mio. Besuchern jährlich ist die als Wunder des Abendlands apostrophierte Sehenswürdigkeit nach Paris der größte Touristenmagnet des Landes. Allerdings gelangt nur jeder dritte Besucher bis zur Abtei. Die meisten begnügen sich mit dem Blick hinauf und dem Gewühl in der einzigen, von Souvenirläden gesäumten Gasse.

🏠 🍴 **Saint-Pierre**, Grande-Rue, ☎ 02 33 60 14 03, 🖷 02 33 48 59 82. In einem Haus aus dem 15. Jh. an den Wällen, werden dem Gast gegrillter Hummer und weitere wohlschmeckende Inselspezialitäten angeboten. Ⓢ

Mont Saint-Michel

Route 3

Frankreichs keltisches Erbe

Die Bretagne (475 km)

Jenseits des Wassers liegt Amerika! Wie ein Schiffssteven schiebt sich die Bretagne in den offenen Atlantik. Rote Felsen und weiße Strände, pittoreske Fischerdörfer und mächtige Zitadellen, wilde und milde Inseln, reiche Trachten und inbrünstige Prozessionen – all das findet man hier. Dazu locken die Rätsel um die gigantischen Steinsetzungen, die Legenden um die Zauberkraft keltischer Druiden und die tiefe Frömmigkeit im Schatten prächtiger Pfarrbezirke. Zwei Wochen Zeit sollte man sich für diese Reise durch diesen noch sehr urwüchsigen Landesteil nehmen.

In einer einmaligen Lage auf einem Felsen und nur durch schmale Sandstreifen mit dem Festland verbunden, erhebt sich das trutzige ** Saint-Malo (48 000 Einw.). Unter dem Druck der Normannenüberfälle entschlossen sich die Bewohner des benachbarten Dorfs im 12. Jh. zum Umzug auf die unwirtliche Landzunge. Sie erwies sich in allen späteren Auseinandersetzungen jedoch als sicherer Stützpunkt. So war Saint-Malo beispielsweise während der Religionskriege mehrere Jahre lang eine unabhängige Republik. Später verdankte die Festungsstadt ihren Ruf den Korsaren, Piraten, die sowohl im 17. als auch 18. Jh. mit königlichen Schutzbriefen ausgestattet ihr Unwesen trieben.

Einen ersten Eindruck von Saint-Malo bietet ein Spaziergang auf der Stadtmauer, die man gleich am Haupttor, der *Porte Saint-Vincent*, besteigen kann. Trotz großer Einheitlichkeit und ihres historischen Aussehens wirkt die Bauweise der mehrstöckigen, grauen Häuser der Altstadt merkwürdig steril und abweisend. Erklären lässt sich dies dadurch, dass die gesamte ummauerte *ville close* nach einem verheerenden Bombardement 1944 fast komplett in Beton, versteckt hinter Natursteinfassaden, wiederaufgebaut wurde.

Das Herzstück der Befestigung bildet *Château Gaillard*, das Herzogin Anne de Bretagne anlegen ließ. Heute informieren das dort eingerichtete Stadtmuseum und ein Wachsfigurenkabinett über die Geschichte von St-Malo. Gleich neben der Burg präsentiert das *Aquarium* in einem Gang in der Stadtmauer allerhand Meeresgetier.

Viel grüner und luftiger als die Altstadt von St-Malo wirkt der ihr gegenüberliegende Ortsteil **Saint-Servan-sur-Mer.** Den unerschrockenen Weltumseglern des 16.–20. Jhs. ist das * *Musée International du Long Cours Cap-Horniers* in der *Tour Solidor* gewidmet. Der Turm bewachte einst die Mündung der Rance. Etwas weiter stromaufwärts nutzt seit 1966 das erste Gezeitenkraftwerk der Welt die wechselnde Strömung. (Ⓒ *Usine marémotrice:* Besichtigung tgl. 10–17 Uhr; mit Videofilm).

❶ Esplanade St-Vincent,
F-35400 St-Malo, ☎ 02 99 56 64 48,
🖷 02 99 40 93 13.

🏨 **La Cité,** 26, rue Ste-Barbe,
☎ 02 99 40 55 40, 🖷 02 99 40 10 04.
Direkt am Seewall, von einigen Zimmern Blick auf die Befestigungsanlagen. Ⓢ

🏨 **A la Duchesse Anne,** 5, pl. Guy-la-Chambre, ☎ 02 99 40 85 33. Klassische Gerichte werden im Jugendstilambiente gleich neben der Burg serviert. Ⓢ

Ohne Übertreibung darf die Lage des tausendjährigen * *Dinan* (11 600 Einw.) als einzigartig bezeichnet werden. 75 m oberhalb der Rance wachte es über einen wichtigen Hafen. Heute unterbricht leider eine Durchfahrtsstraße die gut zweieinhalb Kilometer lange Ringmauer mit Wehrtürmen an zwei Stellen. Sehenswerte Häuser aus dem 15. und 16. Jh. stehen jedoch noch an der *Place des Merciers* und in der *Rue du Jerzual.*

❶ 6, rue de l'Horloge, F-22105 Dinan, ☎ 02 96 39 75 40, 🖷 02 96 39 01 64.

🏠 **Relais des Corsaires,** Le Port, ☎ 02 96 39 40 17. Idyllisch neben der gotischen Brücke, gute Fischspezialitäten, etwa Peterfisch in Basilikum oder Langustinen in Muskateller. Ⓢ

Der Küstenweg gen Westen bietet eine abwechslungsreiche Szenerie und viele Ferienorte. Der bretonischen Wesensart kommt man in der Kapelle von *Kermaria-an-Iskuit*, dem „Haus der Gesundheit schenkenden Maria", bei **Plouha** näher. Oberhalb der Arkaden ziehen Kaiser, König und Papst, ein Liebespaar, Bürger und Bettelmann, kurz alle Vertreter der damaligen Gesellschaft, im Totentanz durch die Kirche. Wenigstens im Tod, der auf diesem Fresko des 15. Jhs. als Gerippe dargestellt ist, sind sie alle gleich. Dies mag ein kleiner Trost für die Härte des Lebenskampfes und die unsägliche Armut vieler Breto-

3

Die Festungsstadt Saint-Malo war ein wichtiger Stützpunkt während der Religionskriege

Seite 53

ROUTE 3

0   50 km

nen gewesen sein, die schon Zwölf-jährige als Schiffsjungen zum Dorsch-fang bis nach Neufundland trieb.

Auch die ***Ile de Bréhat** war Freibeu-terhafen, unvorstellbar, wenn man das winzige Eiland mit seinen Riffen bei Ebbe erlebt. Überraschend ist hier die mediterrane Vegetation: In geschützten Winkeln gedeihen Palmen, Mimosen, Feigen- und Eukalyptusbäume.

ⓗ ⓐ **Le Barbu,** Pointe de l'Arcouest, ☏ 02 96 55 86 98, 🖷 02 96 55 73 87. Blick auf Bréhat, Schwimmbad im Garten. Serviert werden v. a. Fisch, Muscheln und Krebse. Ⓢ⟫

Die ***Kathédrale** von **Le Tréguier** ist dem hl. Tugdual geweiht, dem ersten von achtzig Bischöfen, die von dieser Kleinstadt aus großen Einfluss auf die gesamte Bretagne ausübten.

Verehrt wird jedoch vor allem Saint-Yves, der nach einem Leben in Nächsten-liebe 1303 starb. An jedem dritten Sonntag im Mai finden ihm zu Ehren große Prozessionen statt. Die Kirche selbst gehört zu den eindrucksvollsten Bauten der Bretagne. Den rechten Arm des Querhauses erhellt ein großes Fens-ter mit Darstellungen der ersten breto-nischen Bischöfe. Im Chor steht unter den Gewölbefresken aus dem 15. Jh. ein Renaissancechorgestühl.

Im nahegelegenen *Perros-Guirec* be-ginnt die *** Corniche Bretonne.** Die Küs-tenstraße entlang der rosafarbenen Granitküste ist eine Landschaft so recht nach dem Geschmack der Bretagne-Liebhaber. Kleine, aber lebhafte Orte, einige noch mit dem Flair der Jahrhun-dertwende liegen zwischen feinsandi-gen Stränden und bizarren Felsgebil-den aus rötlich schimmerndem Stein.

Von der recht dicht besiedelten Küste führt die Route nun durch die Waldge-biete des Landesinneren mit stilleren Dörfern, deren religiöser Mittelpunkt immer noch die ummauerten Pfarrbe-

3

Seite
53

Enclos paroissiaux

Diese ungewöhnlichen Friedhöfe sind typisch für die Dörfer der nördlichen Bretagne. Offiziell spricht man denn auch von den umfriedeten Pfarrbezir-ken, französisch *Enclos paroissiaux.* Der Ausdruck bezeichnet einen strikt geist-lichen Bezirk, bestehend aus Kirche oder Kapelle, äußerer Predigtkanzel, Brunnen, Kalvarienberg, Gräberfeld und Beinhaus. Zu betreten ist das Areal nur über eine hohe Schwelle oder durch ein Triumphtor, das mit dunklem Pomp eher schreckt als einlädt. Örtliche Künstler haben hier das Neue Testa-ment, morgenländische Mysterien, bäuerlichen Alltag und eigene Phanta-sien in Stein gemeißelt.

Entstanden sind die Pfarrbezirke zwi-schen dem frühen 15. und dem ausge-henden 17. Jh., als die Bretagne ein Handelsplatz mit England und den Nie-derlanden war. So lebten selbst in klei-nen Orten relativ wohlhabende Kauf-leute mit weit reichenden Kontakten. In *La Martyre* beispielsweise, damals wie heute nichts als ein Dorf, fand ein internationaler Markt statt. Großbau-ern und reiche Händler finanzierten den dortigen Pfarrbezirk, einen der äl-testen der Gegend. Zwischen den Nachbarorten entstand ein regelrech-ter Wettbewerb um die prachtvollsten Enclos. Ihnen kam mehr als nur die Funktion eines Friedhofs zu, sie waren Huldigungen an den Tod. Er findet sich immer irgendwo zwischen den anderen Figuren, als Gerippe, als Sensenmann oder als Fährmann ins Jenseits.

Eine *Route des Enclos* südwestlich von Morlaix führt von Saint-Thégonnec u. a. nach Guimillau, Lampaul-Guimil-lau, La Martyre, Ploudiry und Sizun. (ⓘ Informationsbroschüren gibt es beim örtlichen Office de Tourisme.)

zirke sind. Das „Ende der Welt", das Département Finistère, versinkt im Westen an der windgepeitschten **Pointe du Raz** in den schäumenden Wogen des Atlantiks. Kutter tanzen wie Spielzeug auf den Wellen. Auf der der Landzunge vorgelagerten *Ile de Sein* sollen die letzten keltischen Druiden begraben liegen. Wer die Insel besuchen möchte, darf allerdings nicht zur Seekrankheit neigen! Schiffe verkehren ab Audierne.

Das lebendige Zentrum von **∗Quimper** (59 000 Einw.) beherrscht die **∗***Cathédrale Saint-Corentin*. Zwischen dem 13. und dem 15. Jh. wurde sie in gotischem Stil errichtet; nur die beiden filigranen Turmspitzen wurden im vorigen Jahrhundert hinzugefügt. Über dem Hauptportal steht das Reiterstandbild König Gradlons, der laut Legende über die im Meer versunkene Stadt Ys geherrscht haben soll. Das Innere der Kirche birgt einige schöne Glasfenster aus dem 15. Jh. Ein Bummel zur *Place Terre-au-Duc* führt ans andere Ufer des Flüsschens Steir, das hier in den Odet mündet. Den Platz, an dem einst das Gericht und das Gefängnis lagen, säumen hübsche Fachwerkhäuser.

❶ Pl. de la Résistance,
F-29000 Quimper, ☎ 02 98 53 04 05,
☎ 02 98 53 31 33.

ⓡ L'Ambroisie 49, rue Elie-Fréron,
☎ 02 98 95 00 02. Empfehlenswerte Regionalküche. Ⓢ

Concarneau (18 700 Einw.), heute drittgrößter Fischereihafen Frankreichs, ist schon seit der Mitte des vorigen Jahrhunderts ein bedeutender Umschlagplatz für Thunfisch. Schockgefroren kommt der vor Afrika oder im Indischen Ozean gefangene Fisch heute nach Concarneau. Ähnlich wie in Saint-Malo liegt die Altstadt auf einer Insel und ist ganz von einer Mauer umgeben. Diese **∗∗** *ville close* galt im 14. Jh. als wichtige Bastion des Herzogtums Bretagne; später ließ der Sonnenkönig sie von Vauban ausbauen. In der Zitadelle erklärt das *Musée de la Pêche* alles Wissenswerte zum Thema

Die Cathédrale Saint-Corentin in Quimper

Enclos paroissial in Thégonnec

3

Seite
53

Fischerei. Bistros, Boutiquen und Andenkenläden säumen die Hauptgasse der Altstadt.

ℹ Quai d'Aiguillon, F-29185 Concarneau, ☎ 02 98 97 01 44, 🖷 02 98 50 88 81.

🏨 **Océan,** Plage des Sables Blancs, ☎ 02 98 50 53 50, 🖷 02 98 50 84 16. An der offenen Bucht. Ⓢ⟩⟩

🏨 **L'Assiette du Pêcheur,** 12, rue St-Guénolé, ☎ 02 98 50 75 84. Maritimes Ambiente in der Zitadelle, natürlich fangfrischer Fisch. Ⓢ

Aus vierzehn Mühlen und fünfzehn Häusern soll **★Pont-Aven** (3000 Einw.) bestanden haben, als Paul Gauguin 1886 dort eintraf. Der Maler wurde bald zum Mittelpunkt der *Schule von Pont-Aven.* Gauguin hatte sich damals gemeinsam mit Emile Bernard dem Symbolismus zugewandt und fügte die von den Impressionisten in ihre einzelnen Bestandteile zerlegten Farben wieder zu größeren Flächen zusammen. Ein Museum dokumentiert diese Zeit, ohne die ständigen Existenzprobleme der heute hoch gehandelten Künstler zu verschweigen.

Über den früher bedeutenden Handelshafen *Lorient* gelangt man an den **Golfe du Morbihan,** eine ca. 20 km breite Bucht mit unzählbaren Inselchen. Aussichtsboote erschließen diese amphibische Landschaft, die manchmal an skandinavische Schären erinnert, dann wieder mit Palmen, Mimosen und Zitronenbäumen überrascht.

Doch nicht nur die landschaftlichen Reize locken die Besucher, sondern auch die Denkmäler der Megalithkultur, die nirgends so gut erhalten blieben wie hier. Ob die riesigen Steine nun im Kreis aufgestellt sind *(Cromlech),* in langen Reihen nebeneinander *(Alignement),* ob es sich um Gräber *(Dolmen)* oder um frei stehende einzelne Steine *(Menhire)* handelt – fast jedes Dorf hat imposante Steinsetzungen zu bieten. Doch die Hauptstadt der Megalithkultur ist eindeutig der gutbürgerliche Badeort **★★Carnac** (4200 Einw.). Hier stehen die größten *Alignements* der Welt, mehrfache, fast parallele Steinreihen. Man folge dem beschilderten *Circuit des Alignements* westlich von Carnac, um die wichtigsten davon zu sehen. Genau 1129 tonnenschwere Steine in 10 Reihen bilden das größte Feld von *Kerzerho* bei der Ortschaft *Erdeven.* Aber auch die Megalithen von **★★Locmariaquer** und der Fürstenhügel von *Gavrinis* zeugen beeindruckend von dieser weitgehend unbekannten Zivilisation aus dem 3. Jahrtausend v. Chr. Weshalb ihre Vertreter die Anstrengung der Errichtung dieser anspruchsvoller Monumente auf sich nahmen, ist ungeklärt.

ℹ 74, av. des Druides, F-56340 Carnac, ☎ 02 97 52 13 52, 🖷 02 97 52 86 10.

🏨 **La Licorne,** 5, av. de l'Atlantique, ☎ 02 97 52 10 59, 🖷 02 97 52 80 30. An einem See zwischen Strand und den Steinsetzungen. Ⓢ

🏨 **La Côte de Bœuf,** ☎ 02 97 52 02 80. Kinderfreundliches Ausflugslokal mit preiswerten Gerichten. Bei den Alignements von Kermario. Ⓢ

Die sehr provinziell wirkende Altstadt von **★Vannes** (46 000 Einw.) erstreckt sich rund um die *Cathédrale Saint-Pierre* und ist mit winkeligen Gässchen, Fachwerkhäusern, einer alten Markthalle und Resten der Stadtmauer ein äußerst malerischer Ort. Eine besondere Attraktion ist das Waschhaus *(Lavoir)* am Wallgraben. Die halbrunde *Place Gambetta* mit schönen Cafés leitet über zum Hafenkanal. Von dort fahren Ausflugsboote in die amphibische Landschaft des Golfe du Morbihan.

ℹ 1, rue Thiers, F-56000 Vannes, ☎ 02 97 47 24 34, 🖷 02 97 47 29 49.

🏨 **Moulin de Lesnuhé,** 6 km nordöstlich über die D 126, ☎ 02 97 60 77 77. Ruhige Mühle aus dem 15. Jh. Ⓢ

Die größten Alignements der Welt stehen in Carnac

Route 4

Fürstliches Burgund – königliche Loire

Von **Dijon nach *Nantes
(ca. 1000 km)

Ein ausgedehntes Königreich und ein mächtiges Herzogtum in wechselnden Grenzen, mal mit, mal gegen Frankreich, das war Burgund, bevor es 1477 französische Provinz wurde. Die Verwandten der Burgunderherzöge, ebenfalls aus dem Hause Valois, regierten damals, wenn auch nicht immer ganz freiwillig, ihr Land vom Loire-Tal aus. Paris war seinen Königen nicht immer wohl gesinnt und zeitweilig sogar von den Engländern besetzt. Also wich das Herrscherhaus an die Loire aus, und der Hof und die Hochfinanz folgten ihm willig. So führt diese klassische Kulturroute durch das Herz Frankreichs zu unvergleichlichen Stadtresidenzen und Schlössern. Sie liegen inmitten einer lieblichen, fruchtbaren Landschaft, die noch heute zu den relativ prosperierenden französischen Regionen gehört. Zwei Wochen sollte man sich für diese Route gönnen.

Dijon (147 000 Einw.), einst die Hauptstadt des bis zur Nordsee reichenden Burgunderreichs, begeistert durch die Fülle seiner gut erhaltenen Baudenkmäler. Das Zentrum der Altstadt bildet der *Herzogspalast,* den der königliche Architekt Jules Hardouin-Mansart Ende des 17. Jhs. erneuerte. Von hier aus hatten im 14./15. Jh. die „Vier großen Herzöge" ihr Imperium regiert.

In einem Flügel der riesigen Anlage fand eines der größten *Kunstmuseen* des Landes seinen Platz, zu dessen Schätzen auch die Gräber Philipps des Kühnen und Johanns Ohnefurcht gehören. Ergreifend ist der Trauerzug der *Pleurants,* weinender Frauen, der die liegenden Prachtstatuen einrahmt.

Als beispiellos in der Kunstgeschichte gilt die Fassade der benachbarten Kathedrale *Notre-Dame* mit mehreren Reihen übereinander angeordneter Wasserspeier. Der Verzicht auf Bündelpfeiler und Maßwerk bei der Gestaltung des Innenraums gibt ihm menschliche Dimensionen und verleiht der Kirche eine für die Gotik burgundischer Prägung so eigene Atmosphäre.

Dann heißt es zu Fuß gehen, denn die Straßen und Gassen von Dijon flankieren unzählige Stadtpalais, die in Frankreich als Hôtel bezeichnet werden. Das Spektrum reicht von schmalbrüstigen

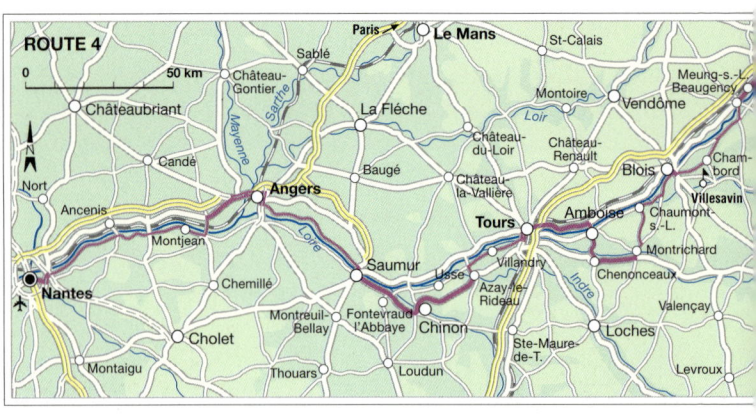

ROUTE 4
0   50 km

Paris · Le Mans · St-Calais
Sablé · Château-Gontier · Montoire · Vendôme · Meung-s.-L. · Beaugency
Châteaubriant · La Flèche · Loir · Château-du-Loir · Château-Renault · Blois · Chambord
Candé · Baugé · Château-la-Vallière · Villesavin
Nort · Ancenis · Angers · Amboise · Chaumont-s.-L.
Montjean · Tours · Montrichard
Nantes · Chemillé · Saumur · Villandry · Chenonceaux · Valençay
Ussé · Azay-le-Rideau · Indre
Cholet · Montreuil-Bellay · Fontevraud l'Abbaye · Chinon · Ste-Maure-de-T. · Loches · Levroux
Montaigu · Thouars · Loudun

Fachwerkhäusern über Renaissancepalais bis zu Gebäuden im manieristischen Stil.

Außer seinem überreichen Kulturangebot hat Dijon natürlich seinen bekannten Senf zu bieten und den von einem ehemaligen Bürgermeister erfundenen und mittlerweile in aller Welt geschätzten Apéritif: den *Kir*. Er besteht aus einem trockenen Burgunder Weißwein mit einem kräftigen Schuss Likör von schwarzen Johannisbeeren *(Cassis)*.

❶ 34, rue des Forges, F-21022 Dijon Cedex, ☎ 03 80 44 11 44, 🖷 03 80 30 90 02.

🏠 **Jacquemart,** 32, rue de la Verrerie, ☎ 03 80 73 39 74, 🖷 03 80 73 20 99. Solides Haus im Viertel der Antiquitätenhändler. Ⓢ

Südlich der Stadt beginnt eine der nobelsten Weinstraßen der Welt, die **Route des Grands Crus.** Entlang der Hügelkette der Côte d'Or liegen die kleinen, aber feinen Weinberge, die zu den besten Rotweinlagen überhaupt zählen. *Gevrey-Chambertin, Clos de Vougeot* und *Nuits-Saint-Georges* sind die bekanntesten Orte. Zur angrenzenden Côte de Beaune gehören Aloxe-Corton, Pommard, Volnay und Meursault.

Ganz vom Weinbau geprägt ist auch die alte Handelsstadt ****Beaune** (21 000 Einw.). Wer die strenge Außen-

Blick auf den Chor von Notre-Dame in Dijon

Das Zentrum von Dijon wird vom Herzogspalast bestimmt

4

Seite
59

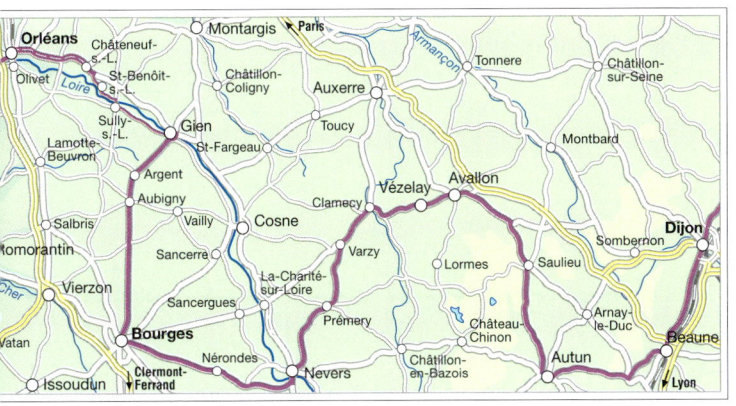

fassade sieht, ahnt nicht, welche Pracht sich im Inneren des ** *Hôtel-Dieu* entfaltet. Bunt glasierte Ziegel leuchten vom Dach des spätgotischen Hospitals, mit dessen Stiftung sich Nicolas Rolin, Kanzler von Burgund, 1443 das Seelenheil sichern wollte. Nicht einmal ein Flügelaltar von Rogier van der Weyden war ihm dafür zu kostspielig. Im 52 m langen Krankensaal der Armen reihen sich Nachbildungen der originalen Betten aneinander, in denen, für die damalige Zeit schon fast ein Luxus, nur zwei Kranke gleichzeitig lagen. Die Einkünfte des Hospitals stellten Weinberge sicher, und noch heute ist die alljährliche Versteigerung der Hospizweine am dritten Sonntag im November ein besonderes Ereignis für den burgundischen Weinhandel.

Das *Musée du Vin de Bourgogne* im einstigen Herzogspalast aus dem 15./16. Jh. bietet ein ganzes Universum der Weinwissenschaft.

❶ Rue de l'Hôtel-Dieu,
F-21200 Beaune, ☎ 03 80 26 21 30,
🖷 03 80 26 21 39.

🏠 **Henry II**, 12, faubourg St-Nicolas,
☎ 03 80 22 83 84, 🖷 03 80 24 15 13.
Zentral, im Burgunderstil, geschmackvoll möblierte Zimmer. Ⓢ

Mit dem Titel „Schwester und Gleichgestellte Roms" durfte sich die 15 v. Chr. gegründete Stadt **Autun** (18 000 Einw.) schmücken. Ihr antikes Theater, von dem allerdings nur noch recht spärliche Reste stehen, war das größte Galliens. Besser erhalten blieben zwei römische Stadttore, die *Porte Saint-André* und die *Porte d'Arroux*. Doch die Hauptattraktion von Autun ist die romanische Kathedrale ** *Saint-Lazare*. 1130 weihte Papst Innozenz II. die noch nicht ganz vollendete Kirche, der später ein gotisches Seitenschiff angefügt wurde. Am Westportal, das eine Furcht erregende Darstellung des Jüngsten Gerichts in einem einzigartigen Stil mit stark überlängten Figuren zeigt, hat Meister Gislebertus seine Signatur hinterlassen. Von ihm stammen

auch die meisten Kapitelle, deren Originale seit der Renovierung des vorigen Jahrhunderts im ehemaligen Kapitelsaal auf Augenhöhe zu betrachten sind.

❶ 3, av. Charles-de-Gaulle,
F-71400 Autun, ☎ 03 85 86 30 00,
🖷 03 85 86 10 17.

Imponierend dominiert wie eh und je die Magdalenenkirche von *** **Vézelay** die sanfte Hügellandschaft am Rand des Morvan, des nördlichsten Ausläufers des Zentralmassivs. Einst war dieser Ort Sammelpunkt für Scharen von Pilger auf ihrem Weg nach Santiago de Compostela in Spanien. 1146 rief Bernhard von Clairvaux in Vézelay zum Zweiten Kreuzzug auf, vor dem Dritten vereinigten Frankreichs König Philippe II Auguste und der englische Monarch Richard I. Löwenherz hier ihre Truppen. Die romanische Kirche wurde 1120 begonnen und erhielt gegen 1185 einen gotischen Chor. Qualitätvoller als die künstlerisch sehr unterschiedlichen Figurenkapitelle sind die Skulpturen der Vorhalle, die den Missionsauftrag an die Apostel zeigen. Symbolische Darstellungen der „Völker aller Welt" umgeben die fast schon gigantische Christusfigur, von deren Händen Strahlen zu den Aposteln ausgehen. Vézelay verlor seine Bedeutung schlagartig, als 1270 in Saint-Maximin-la-Sainte-Baume in der Provence die vermeintlich echten Reliquien der Magdalena auftauchten.

Frankreichs längster Strom, die **Loire** (1012 km), entspringt am Gerbier-de-Jonc, einem Berg am Ostrand des Zentralmassivs. Ein richtiger Fluss wird sie allerdings erst bei Nevers durch ihre Vereinigung mit dem Allier aus dem gleichen Quellgebiet. Breit und mächtig und noch kaum gebändigt mündet sie schließlich hinter Nantes in den Atlantik.

Abgesehen von der lieblichen Landschaft, die nicht zu Unrecht als „Garten Frankreichs" bezeichnet wird, ziehen vor allem die unzählbaren Schlösser Reisende ins Loire-Tal. Vom frühen

15. Jh. bis zur Regierungszeit des Königs Henri IV (1589–1610) war es ein bevorzugter Aufenthaltsort des Hofs, der sich in der Gegend seinen prächtigen Lebensrahmen schuf.

Aus einem Versorgungslager Cäsars entwickelte sich die spätere Herzogsstadt **Nevers** (42 000 Einw.) auf einem Kalkhang über der Loire. Vor dem eleganten *Palais Ducal*, das während des Übergangs von der Spätgotik zur Renaissance erbaut wurde, gibt eine von alten Bürgerhäusern flankierte Grünfläche den Blick auf den Fluss frei. Reste der Stadtmauer begrenzen die Westseite der hübschen Altstadt, deren Zentrum die eigenartige Kathedrale * *Saint-Cyr-et-Sainte-Juliette* (12. bis 16. Jh.) bildet. Mit zwei Apsiden, einer strengen romanischen im Westen und einer lichterfüllten gotischen im Osten, gehört sie zu den sehr seltenen Doppelchoranlagen des Landes. Eine weitere Besonderheit bilden die kleinen Figuren vor den Sockeln der Triforiumssäulen auf beiden Seiten des Langhauses.

Glasierte Dachziegel schmücken das Dach des Hôtel-Dieu in Beaune

Das Tympanon der Basilique Sainte-Madeleine in Vézelay

❶ 31, av. Pierre-Bérégovoy,
F-58008 Nevers Cedex,
☎ 03 86 68 46 00, 📠 03 86 68 45 98.

🛏 🍴 **Hôtel de la Loire,**
Quai de Médine, ☎ 03 86 61 50 92,
📠 03 86 59 43 29. Modern, etwas nüchtern, aber komfortabel und ruhig am Fluss gelegen. Ⓢ

Einen ausgedehnten Bummel lohnt auch die Altstadt von ***Bourges** (76 000 Einw.), die von der gewaltigen Kathedrale *** *Saint-Etienne* dominiert wird. Außer dem einzigartigen Raumeindruck der fünfschiffigen Bischofskirche faszinieren der Skulpturenschmuck der Westportale und die Buntglasfenster im Chor. Saint-Etienne wurde im Wesentlichen in zwei großen Etappen zwischen 1195 und 1260 errichtet; die Seitenkapellen sind spät-

Buchsbaumhecken im Schlosspark von Villandry

gotische Anbauten. Unter Fachwerkhäusern und vornehmen Steingebäu-
den der wohlhabenden Bürger nimmt
das *Palais Jacques-Cœur* eine besondere Stellung ein: Der Finanzier des
Königs Charles VII verfügte über weit
reichende Verbindungen und ein uner-
messliches Vermögen. Den Prachtbau
in Bourges bewohnte der Kaufmann allerdings nie, da er vor dessen Vollendung in Ungnade gefallen war.

❶ 21, rue Victor-Hugo,
F-18003 Bourges Cedex,
☎ 02 48 24 75 33, 📠 02 48 65 11 87.

Zurück an der Loire, wartet jetzt eine
weitere sehenswerte Kirche auf Besucher. Im ehemaligen *Fleury* wurde eine
der ersten Benediktinerabteien in
Frankreich gegründet. Um 670 holten
Mönche die Gebeine ihres Ordensstif-
ters, des hl. Benedikt von Nursia, aus
den Trümmern des zerstörten Klosters
Monte Cassino in Italien an die Loire,
wo sie seitdem in der Krypta der Abtei
Saint-Benoît ruhen. Das Hauptinteres-
se an der weitgehend romanischen Anlage verdient der Portalturm, der um
1020 entstanden sein dürfte. Aus dem
weichen, goldgelben Kalkstein wurden
phantasievolle Kapitelle mit Szenen
aus der biblischen Geschichte, mit
Blattwerk, Dämonen und Fabelwesen
herausgearbeitet. Der Innenraum der
Kirche ist für einen romanischen Bau
ungewöhnlich steil proportioniert und
steht bereits am Übergang zur Gotik.

Die Stadt **★Orléans** (105 000 Einw.)
wird stets an die Heldentaten der Jeanne d'Arc erinnern. 1429 gewann sie
hier für den mutlosen Charles VII eine
Entscheidungsschlacht gegen die englischen Belagerer. In Ritterrüstung und
hoch zu Ross wird die Lothringer Bau-
erntochter auf der *Place du Martroi*,
dem zentralen Platz der Stadt, geehrt.

In der *Maison Jeanne d'Arc,* dem Haus
in dem sie vor der Befreiung Orléans
wohnte, wurde ihr zu Ehren ein Museum eingerichtet. Und in der fünfschiffigen Kathedrale **★** *Sainte-Croix* erzählen
zudem die Glasfenster die Lebensge-

schichte der Heiligen. Die Kirche selbst
wurde nach ihrer Zerstörung durch die
Protestanten während der Religionskriege im 17. Jh. im Stil der Gotik wieder aufgebaut.

❶ Pl. Albert Ier, F-45000 Orléans,
☎ 02 38 24 05 05, 📠 02 38 54 49 84.

🏨 **Hôtel d'Orléans,** 6, rue Crespin,
☎ 02 38 53 35 34, 📠 02 38 53 68 20.
Kleines, angenehmes Hotel im Zentrum. ⑤

Mit dem Gebiet zwischen Orléans und
Angers hat man nun endgültig das Tal
der Könige erreicht. Aus der unüber-
schaubaren Zahl sollte man sich nicht
nur die unverzichtbaren architektonischen Spitzenleistungen heraussuchen,
die fraglos am eindrucksvollsten, aber
auch am überlaufensten sind, sondern
auch ein paar stillere Plätze. Dazu
gehören beispielsweise die Burg von
★Meung-sur-Loire (12.–16. Jh.), in der
der Poet François Villon eingesperrt
war, das kleine, von einem Kampf-
gefährten der hl. Johanna erbaute
Schloss Dunois in **★Beaugency, ★Talcy**
mit seinem mächtigen Taubenturm
und schließlich das Renaissanceschloss
★Villesavin bei Bracieux.

Der Höhepunkt für alle Loire-Rei-
senden ist dagegen das Jagdschloss
★★Chambord. Die riesige Anlage erhebt sich inmitten eines ausgedehnten
Waldgebietes, das heute Staatsforst
und noch immer Jagdrevier der Promi-
nenz ist. Der erste Eindruck ist schlicht
überwältigend, auch wenn ein Hauch
von Größenwahn und überzogener
Selbstdarstellung nicht zu leugnen
sind. Bei genauerem Hinsehen erschließen sich auch die ganz rationale,
wohl durchdachte und symmetrische
Konzeption der Anlage und die Fein-
heit der Details. Steigt man die doppel-
läufige, wahrscheinlich auf Leonardo
da Vinci zurückgehende Wendeltreppe
hinauf, sortiert sich das Schwindel
erregende Gewirr von Türmchen, Erkern
und Kaminen auf der Dachterrasse
nach und nach zu wohl geordneten Pavillons. Vollendet wurde das 1519 be-

gonnene Großprojekt allerdings nie, vielleicht auch weil kaum ein König es jemals zu einem längeren Aufenthalt nutzte. Besonders schön ist Chambord abends, wenn der Besucherstrom abebbt und die Rehe aus dem Unterholz zum Äsen heraustreten.

Ⓗ Ⓡ **Grand St-Michel,**
☎ 02 54 20 31 31, 🖷 02 54 20 36 40.
Dem Schloss gegenüber hat man hier einen Logenplatz beim Ton-und-Licht-Spektakel. Gute französische Küche. Ⓢ

Doch die Schlösser liegen nicht alle auf dem Land, die Könige besaßen auch repräsentative Stadtresidenzen. Besonders geschichtsträchtig ist **★ Blois** durch seine Rolle in den Religionskriegen. 1588 ließ König Henri III, um seinen Thron zu retten, hier Henri de Guise, den Führer der Katholischen Liga, ermorden. Das Schloss, das ein typisches französisches Provinzstädtchen mit ansprechendem Zentrum überragt, besitzt drei Flügel aus drei verschiedenen Epochen: Louis XII ließ den spätgotischen Trakt errichten, François Iᵉʳ einen Renaissancekomplex hinzufügen und Gaston d'Orléans einen barocken Neubau beginnen. Das Innere ist wieder reich möbliert und birgt außerdem ein Museum für sakrale Kunst.

Mit Chambord bekam François Iᵉʳ sein Traumschloss

4

Seite 58

Denkmal der Nationalheiligen Jeanne d'Arc in Orléans

Leonardo an der Loire

Der Italiener Leonardo da Vinci (1452 bis 1519) war bereits 63 Jahre alt, als er 1516 dem Ruf des kunstsinnigen François Iᵉʳ folgte, der ihm das Herrenhaus *Clos-Lucé* bei Amboise als Alterssitz überließ. Leonardo brachte als Morgengabe das Bildnis der *Gioconda* mit, das unter der Bezeichnung *Mona Lisa* das berühmteste Porträt der Welt wurde. Gemalt hat Leonardo in Frankreich nicht mehr, dafür arbeitete er an architektonischen Entwürfen und plante kühne, weit in die Zukunft weisende Projekte wie z.B. transportable Fertighäuser oder ein Kanalnetz zwischen den königlichen Schlössern an der Loire. Auch spektakuläre Feste konzipierte Leonardo für seinen Gönner, der ihn oft durch einen unterirdischen Gang besucht haben soll.

Im Clos-Lucé faszinieren nun die nach seinen Zeichnungen gebauten Modelle: ein erster Fallschirm, Hubschrauber, Raddampfer und sogar der Prototyp eines Autos ...

Leonardo wurde in der nicht mehr stehenden Schlosskapelle von Amboise bestattet. Eine Gedenktafel in der Hubertuskapelle auf dem Areal erinnert daran.

Die Schlösser von **Chaumont** am Loire-Hochufer und **Chenonceaux** spielten eine Rolle im Kampf zwischen der Königin Katharina von Medici und der Geliebten ihres Mannes, Diane de Poitiers. Nach dem Tod des Königs Henri II 1559 zwang Katharina Diane das heitere Renaissanceschloss Chenonceau gegen die eher trutzige Feste Chaumont zu tauschen. Katharina ließ daraufhin in Chenonceau die Galerie auf der Brücke über den Cher erbauen. Auf Schloss **Amboise** genossen einst Charles VIII und François Ier, die Kunst und Lebensform der italienischen Renaissance nach Frankreich brachten, ein Leben in Saus und Braus. Erhalten blieben ein spätgotischer und ein Renaissancetrakt; die Möbel stammen größtenteils aus dem frühen 19. Jh.

Als empfehlenswerter Standort für eine Loire-Reise empfiehlt sich **Tours** (130 000 Einw.), die Stadt des hl. Martin. Über seinem Grab standen mehrere gewaltige Kirchen, denen nach der endgültigen Zerstörung während der Französischen Revolution schließlich die neobyzantinische Basilika *Saint-Martin* folgte, die allerdings eher von religiöser als von baukünstlerischer Bedeutung ist. Die beliebte Wallfahrtskirche liegt am Rand der sehenswerten Altstadt, die als geschlossenes Ensemble unter dem Schutz der UNESCO steht. Ein zweites Zentrum erstreckt sich rund um die gotische Kathedrale *Saint-Gatien* am ehemaligen Standort der römischen Urbs Turonum.

❶ 78, rue Bernard-Palissy, F-37042 Tours, ☎ 02 47 70 37 37, 📠 02 47 61 14 22.

🏨 **Le Francillon,** 9, rue des Bons-Enfants, ☎ 02 47 66 44 66, 📠 02 47 20 32 33. Eine zentral gelegene Stadtresidenz aus Tuffstein und Fachwerk. Ⓢ

In **Villandry** interessiert zwar auch die Architektur eines der letzten Schlösser der Renaissance, im Mittelpunkt des Interesses steht jedoch der Park. In akribischer Kleinarbeit wurde er nach alten Stichen wiederhergestellt. In einem der Gärten bilden statt farbenprächtiger Blumen Kohl- und Salatköpfe unterschiedlichster Farbschattierungen ein reizvolles, streng geometrisches Muster.

Ein Renaissancejuwel ganz anderer Art ist Schloss **Azay-le-Rideau** (1518–1527), das malerisch in einer Biegung des Indre liegt. Ein Schatzmeister von François Ier hatte sich die noble Residenz im frühen 16. Jh. erbauen lassen. Durch die extreme Prachtentfaltung misstrauisch geworden, ließ der König die Geschäfte des Bauherrn prüfen, der daraufhin die Flucht ergriff. In dem recht wohnlich eingerichteten Palast finden sich einige schöne Wandteppiche und kunstvolle Möbelstücke.

Abwechslung im Land der Schlösser bietet die Besichtigung von **Fontevraud,** einer der ehemals reichsten Abteien des Landes. Von den Hugenotten wurde die Anlage verwüstet, während der Französischen Revolution aufgehoben und von Napoleon zum Gefängnis gemacht, was sie dann bis 1963 blieb.

In der romanischen Kirche, die von den Kuppelbauten Aquitaniens beeinflusst ist, stehen die Grabdenkmäler der Plantagenets: Henri II d'Anjou, Eleonore von Aquitanien und beider Sohn, Richard I. Löwenherz. Einzigartig ist ein frei stehender, kleiner Zentralbau mit vielen Türmchen, der nach wilden Spekulationen schließlich als die Küche der Abtei identifiziert wurde.

Kaum verändert seit seiner Darstellung im spätgotischen *Stundenbuch des Herzogs von Berry* wacht das vieltürmige *Schloss* von **Saumur** (30 000 Einw.) über die dicht gedrängten Häuser der Stadt. Bestechend ist auf jeden Fall der Blick von der alten Loire-Brücke aus.

❶ Pl. Bilange, F-49418 Saumur, ☎ 02 41 40 20 60, 📠 02 41 40 20 69.

Die trutzige Burg der Industriestadt **Angers** (141 000 Einw.) ist nicht sonderlich gut erhalten, doch sind die gewaltigen Außenmauern aus dem 13. Jh.

mit den 17 Rundtürmen allemal ein-drucksvoll. Ihr Streifenmuster rührt vom Wechsel zwischen Schiefer und Kalkstein her. Umso kostbarer ist der Schatz, den dieses Bollwerk schützt: Die **Apocalypse von Angers* ist der älteste Bildteppich Frankreichs. Um 1380 wurde die Vision des Johannes auf Patmos in über 80 Einzelszenen auf sieben großformatigen Teppichen dar-gestellt. Sieben Jahre soll unter der Lei-tung des Pariser Webers Nicolas Batail-le an dem Prachtstück gearbeitet worden sein. Für die Besichtigung wer-den Kassettenrekorder verliehen, ein Genuss, für den man sich Zeit nehmen sollte.

❶ Pl. Kennedy, F-49051 An-gers, ☎ 02 41 23 51 69, 🖷 02 41 24 01 20.

Louis XII an der Innenhof-fassade von Blois

Auf Inseln und entlang der Wasserarme von Erdre und Loire war **Nantes* (245 000 Einw.) lange Zeit die Hauptstadt des Herzog-tums Bretagne. Einst durch den Sklavenhandel reich ge-worden ist sie heute mit einem bedeutenden Indus-triehafen das wirtschaftliche Zentrum im Norden West-frankreichs. Das herzogliche *Schloss* wurde auf gallorömischen Fundamenten erbaut. Es erhielt sein heutiges Gesicht im 15. und 16. Jh. Louis XII heiratete hier 1499 Anne de Bretagne, Henri IV erließ hundert Jahre später das Glaubensfreiheit gewäh-rende Edikt von Nantes. Zum Stadt-bummel gehört der Gang durch die altertümliche Ladengalerie *Passage de Pommeraye* mit einem Besuch der Brasserie *La Cigale* im Belle-Époque-Dekor.

Blick auf Nantes

❶ Pl. du Commerce, F-44000 Nantes, ☎ 02 40 20 60 00, 🖷 02 40 89 11 99.

🏨 **Mercure Beaulieu**, Ile Beaulieu, ☎ 02 40 47 61 03, 🖷 02 40 48 23 83. Zentral, ruhig zwischen den Loire-Armen, vom Dachgeschoss schöner Blick, Swimmingpool. Ⓢ

Die Schornsteine des Küchen-gebäudes von Fontevraud

4

Seite **58**

Route 5

Auf den Spuren des Cromagnon

Von Lyon durch die Auvergne ins Périgord (ca. 850 km)

Stadtmenschen sollten noch einmal das urbane Leben von Lyon genießen, bevor sie sich in die ländlichen Gegenden des Zentralmassivs entführen lassen. Eine einzigartige Vulkanlandschaft mit ausgefransten Kraterrändern und abgeplatteten Kuppen bietet die Auvergne. Dunkle Wälder und das idyllische, von Burgen gesäumte Flusstal der Dordogne warten im Périgord. Es ist berühmt für seine zahlreichen prähistorischen Fundstätten, zu denen auch die Höhle von Lascaux gehört. Abseits dieser Hauptsehenswürdigkeiten ist die Region eher ruhig und sehr geeignet für einen erholsamen und anregenden Urlaub auf dem Land. Entsprechend großzügig sollte man allerdings die Zeitplanung gestalten, denn unter einer Woche wird's stressig!

Seinen Ruf als Hochburg der exquisiten Küche verdankt die zweitgrößte Stadt Frankreichs nicht nur ihren Restaurants, sondern besonders ihren Bistros. In **★★ Lyon** (415 500 Einw.) werden sie *bouchons*, Korken, genannt. Der Chef steht oft noch persönlich und mit blauer Schürze hinter dem Tresen, über den mit Vorliebe Kutteln und herzhafte Würste gehen. Dazu fließen Beaujolais und Côte-du-Rhône so stetig wie die beiden Wasser, die sich hier vereinigen: die Rhône und die Saône.

Unter dem Namen Lugdunum war Lyon einst die Hauptstadt von drei kaiserlich-römischen Provinzen Galliens. Die antike Stadt erstreckte sich auf dem rechten, hohen Ufer der Saône im heutigen Stadtteil *Fourvière*. Die Ruinen zweier Theater und Teile eines Aquädukts sind noch zu sehen. Seit 1896 überragt die Basilika *Notre-Dame de-la-Fourvière* den Hügel.

Das Herz der Stadt bildet die schmale Halbinsel zwischen Rhône und Saône mit der *Place Bellecour,* auf der der Sonnenkönig in Bronze, bekleidet mit der Toga der Römer, aufs Publikum herabschaut. Die im wesentlichen spätgotische Kirche *Saint-Nizier* besitzt noch eine Krypta aus dem 6. Jh. Der nördliche Teil der Halbinsel, das Viertel *La Croix Rousse,* war dem Textilgewerbe vorbehalten: Hier webten einst bis zu 30 000 Frauen und Männer für die Tuch- und Seidenindustrie auf den 1804 von Joseph-Marie Jacquard erfundenen Musterwebstühlen. Die Textilindustrie spielt noch heute eine wichtige Rolle, auch wenn man längst zur Produktion von Kunstseide, Schals für Hermès oder Spezialgewebe für die Raumfahrt übergegangen ist. Entschieden hat sich die Stadt der Neuzeit zugewandt. Mit dem futuristischen TGV-

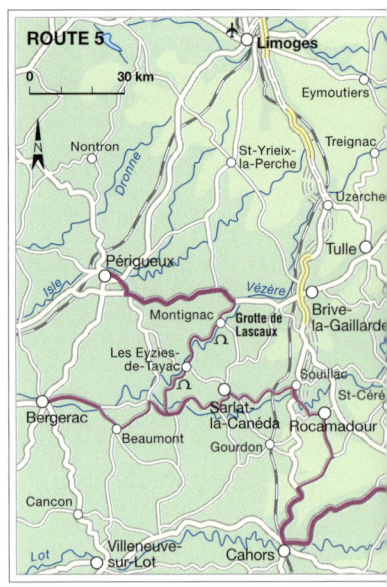

Bahnhof *Satolas* und dem Glasgewölbe auf der alten Oper hat sie bravourös die Betonsünden der siebziger Jahre überwunden. Aber auch die reiche Vergangenheit und einige Lyoner Eigenarten setzte man wieder ins rechte Licht: Die *traboules*, gewölbte Passagen zwischen den Straßen, die schönen Innenhöfe der Bürgerhäuser und die Zahnradbahn hinauf zur Altstadt wurden wiederhergestellt. Das *Musée des Beaux-Arts* in einer ehemaligen Benediktinerabtei auf der Halbinsel zeigt eine hervorragende Sammlung, die von der Römerzeit und dem frühem Christentum über die Alten Meister bis zur Neuzeit reicht (🕐 tgl. außer Di/Fei 10.45–18 Uhr).

ℹ Pl. Bellecour, F-69214 Lyon Cedex, ☎ 04 72 77 69 69, 📠 04 78 42 04 32.

🏨 **Grand Hotel des Beaux–Arts,** 73, rue du Président-Herriot, ☎ 04 78 38 09 50, 📠 04 78 42 19 19. Im Herzen der Halbinsel, Flair der dreißiger Jahre. 💲

Die Industriestadt **Saint-Etienne** kann seit 1987 mit einem höchst lohnenden

Notre-Dame-de-la-Fourvière hoch über Lyon

5

Seite 67

Musée d'Art Moderne aufwarten. Auf 4000 m² sind Werke von Matisse, Léger und Picasso sowie zeitgenössische Arbeiten zu sehen.

Der Vulkanismus prägt nicht nur die Landschaft der gesamten Auvergne, sondern auch das Stadtbild von **Le Puy-en-Velay** (21 000 Einw.). Aus einer fruchtbaren Senke ragen spitze Vulkankegel auf. Auf halber Höhe des *Rocher Corneille* steht die im späten 12. Jh. zu Ehren einer schwarzen Madonna erbaute Kathedrale *Notre-Dame*. Der uralte Marienwallfahrtsort war eine wichtige Station auf dem Pilgerweg nach Santiago de Compostela in Spanien. Als die Kirche vergrößert werden musste, war dies auf dem steilen Hügel nur mittels aufwändiger Unterbauten möglich. Zu der Kathedralstadt auf dem Hügel gehören noch ein bildschöner, maurisch beeinflusster Kreuzgang, sowie einige gut erhaltene Räume der Kleriker. Ein Kleinod romanischer Kunst bekrönt auch die treffenderweise als Nadel bezeichnete, 85 m hohe Felsspitze *Aiguille Saint-Michel*. Die dem Erzengel Michael geweihte Kapelle aus dem 10./11. Jh. besitzt noch gut erhaltene Fresken.

❶ Pl. du Breuil, F-43000 Le Puy-en-Velay, ☎ 04 71 09 38 41, 🖷 04 71 05 22 62.

In dunkler Majestät reckt sich die gotische Kathedrale *Notre-Dame* aus dem Häusermeer von *Clermont-Ferrand* (136 000 Einw.) himmelwärts. Sie wurde 1248 nach Vorbildern in der Ile-de-France begonnen, konnte jedoch erst unter der Leitung von Viollet-le-Duc im vorigen Jahrhundert vollendet werden. Der ungewohnte, etwas düstere Eindruck ist lediglich auf die Verwendung des schwarzen Lavagesteins zurückzuführen, das die gesamte Stadt prägt. Großartige Scheiben aus überwiegend rotem und blauem Glas lassen Licht in Chor und Schiff.

Wunderbar proportioniert ist eines der schönsten Beispiele für die typisch auvergnatische Ausprägung der Romanik, die Basilika *Notre-Dame-du-Port* (11.–12. Jh.). Die Seitenschiffe besitzen tiefe Emporen, das Querhaus ragt weit über das Langhaus hinaus, und den Chor umgeben Umgang und Kapellenkranz. Fast rührend muten die isolierten Szenen der Portalplastik auf der Südseite im Vergleich mit Arbeiten aus anderen Regionen Frankreichs an.

❶ 69, bd François-Mitterand, F-63000 Clermont-Ferrand, ☎ 04 73 93 30 20, 🖷 04 73 93 56 26.

🏨 **Galliéni**, 51, rue Bonnabaud, ☎ 04 73 93 59 69, 🖷 04 73 34 89 29. Unweit des Zentrums mit Blick auf Kathedrale oder Vulkanberge. Ⓢ

Die älteste und höchste Erhebung der nun beginnenden Vulkanlandschaft ist der abgeplattete **Puy de Dôme** (1465 m), ein beliebtes Ausflugsziel von Clermont-Ferrand aus. Diesen den Galliern heilige Berg, auf dem die Römer einen Merkurtempel weihten, überragt die Stadt um jähe 1000 Meter. Eine kurvige Straße führt zu seinem Gipfel. Das Panorama kann je nach Wetter grandios sein und ist am schönsten kurz vor Sonnenuntergang. Es umfasst über hundert erloschene Vulkane, die im Süden eine schier endlose, grüne Mondlandschaft bilden.

Durch die Einrichtung des **Parc Régional des Volcans d'Auvergne** wurden zwei Massive unter Schutz gestellt: Da sind gleich die *Monts Dômes,* die am Puy de Dôme beginnen und mit dem *Puy de Sancy* (1885 m) den höchsten Punkt des Zentralmassivs erreichen. Im Süden gehen sie über in die *Monts du Cantal,* eine herbe Berglandschaft, die Wanderer und Urlauber, die mehr Wert auf Ruhe als auf großartige touristische Erschließung legen, sehr zu schätzen wissen. Dennoch muss man keinesfalls auf eine gewisse Infrastruktur verzichten: *Le Mont-Dore* nahe der Quelle der Dordogne ist ein alter Thermalkur- und Wintersportort, ebenso *Le Lioran* am Plomb du Cantal. Diese höchste Erhebung des Cantal-Massivs ist der Rest eines einst 3000 m hohen

Urvulkans, der aus mehreren Kaminen Lava spuckte.

❶ Zum Regionalpark: La Maison des Parcs, F-63501 Issoire, ☎ 04 73 55 11 63. In der Saison auch auf dem Puy de Dôme, ☎ 04 73 62 21 45.

🏨 **Le Puy Ferrand,** Le Mont-Dore, an der D 983, ☎ 04 73 65 18 99, 📠 04 73 65 28 38. Gemütliches Châlet am Fuß des Puy de Sancy. Ⓢ

Über *Aurillac* und *Figeac* mit gut erhaltenen spätmittelalterlichen Wohnhäusern gelangt man nach **✶Cahors** (20 000 Einw.), das malerisch über einer Schleife des Flusses Lot liegt. Hier wartet der berühmte *Pont Valentré*, eine Wehrbrücke aus dem 14. Jh. Drei Tortürme, je einer auf jedem Ufer und einer in der Mitte sowie die Zinnen auf der Brüstung, bilden eine Festung über dem Fluss. Die Engländer wagten im Hundertjährigen Krieg erst gar nicht den Angriff. Auch die Kathedrale *Saint-Etienne* ist mit einem wehrhaften Westwerk ausgestattet, was in unsicheren Zeiten wohl angebracht war. Der Figurenschmuck des romanischen Nordportals (1135) zeigt Christi Himmelfahrt und Szenen aus dem Leben des Märtyrers Stephanus.

❶ Pl. François-Mitterrand, F-46004 Cahors, ☎ 05 65 53 20 65, 📠 05 65 53 20 74.

🏨 🏨 **La Chartreuse,** Faubourg St-Georges, ☎ 05 65 35 17 37, 📠 05 65 22 30 03. An einem Flusswehr gegenüber der Altstadt. Ⓢ

Um das **Tal der Dordogne** zu erreichen, bietet sich der Weg über den ungewöhnlich schön gelegenen Wallfahrtsort *Rocamadour* und *Souillac* mit seiner romanischen Abteikirche an. Hier beginnt ein landschaftlich besonders reizvoller Abschnitt des Dordogne-Tals. In engen Schleifen zieht sich der Fluss unterhalb steil aufragender Felswände dahin, auf denen trutzige Burgen und später zu Schlössern umgebaute Feudalsitze thronen. Das Péri-

Genau 268 Stufen führen hinauf zu St-Michel in Le Puy-en-Velay

5

Seite **66**

Prähistorische Malerei in der Höhle von Lascaux

Der Café au lait gehört zum ereignisreichen Urlaubstag

gord, das etwa mit dem heutigen Département Dordogne zusammenfällt, war im 13. und 14. Jh. als Grenzgebiet zwischen England und Frankreich hart umkämpft. Die von beiden Seiten errichteten Stützpunkte wechselten oft mehrfach den Besitzer und waren stark befestigt. *Château Montfort* und die Burgen von *Castelnaud* und *Beynac,* um nur die imposantesten zu nennen, überragen eine abwechslungsreiche, sich nach jeder Flussschleife wandelnde Landschaft. Als Standort bietet sich beispielsweise **Sarlat-la-Canéda** (9900 Einw.) mit seiner zwar stark restaurierten, aber dennoch sehr sehenswerten Altstadt an. Ockerfarbener Sandstein prägt den Ort.

Beim Bummel durch die Straßen fallen die vielen gepflegten Läden mit Spezialitäten des Périgord wie Trüffelprodukte und die nicht gerade durch artgerechte Tierhaltung erzeugte Stopfleber *(foie gras)* von Gänsen und Enten auf. Der Samstagsmarkt ist ein Erlebnis und die *Place de la Liberté* mit ihren Cafés ein Ruhepunkt.

❶ Pl. de la Liberté, F-24203 Sarlat-la-Canéda, ☎ 05 53 59 27 67, 📠 05 53 59 19 44.

Ⓗ Ⓐ **La Madeleine,** Pl. de la Petite Rigaudie, ☎ 05 53 59 10 41, 📠 05 53 31 03 62. Im Zentrum gelegen. Im Restaurant gibt es regionale Gerichte auf leichte Art. Ⓢ

Berühmt für seine zahlreichen prähistorischen Fundstätten ist das **Tal der Vézère,** die bei Limeuil in die Dordogne mündet. Die Zahl der hier entdeckten Höhlen, *Abris* (Schutz- und Wohnstätten unter Felsüberhängen), Feuerstellen und Lagerplätze lässt auf eine relativ dichte Besiedelung und eine lange Nutzung einiger Orte schließen. Das Vézère-Tal muss während der Jüngeren Altsteinzeit (ca. 35 000–10 000 v. Chr.) für den Cromagnonmenschen ein angenehmer Lebensraum gewesen sein. Die Fülle der Funde reicht von bearbeiteten und unbearbeiteten Knochen und Werkzeugen bis hin zu geschnitzten Figuren und Felsbildern. Den Titel „Hauptstadt der Vorgeschichte" beansprucht der kleine Ort **Les Eyzies-de-Tayac** für sich. Rundherum liegen zahlreiche Fundstätten, die Epochen der Altsteinzeit ihren Namen gaben, darunter der *Site de la Madeleine,* der Referenzort für das Magdalénien, die Blütezeit der Felsmalerei. Etwas nördlich von Les Eyzies liegt das *Abri de Cro-Magnon,* wo 1868 menschliche Skelette gefunden wurden. Allerhand Wissenswertes über die Vorgeschichte erfährt man im ** *Musée Nationale de la Préhistoire* in Les Eyzies (◷ tgl. außer Di vor- und nachmittags).

❶ Pl. de la Mairie, F-24620 Les Eyzies-de-Tayac-Sireuil, ☎ 05 53 06 97 05.

Die weltberühmte ** **Grotte de Lascaux** liegt wenige Kilometer nördlich von Les Eyzies. Nur das Faksimile der 1940 entdeckten Höhle kann seit 1983 besichtigt werden, nachdem die Atemluft allzu vieler Besucher die gut 20 000 Jahre alten Felsgemälde zu zerstören drohte. *Lascaux II* wurde gleich neben der Originalhöhle errichtet. Wie diese Nachbildung geschaffen wurde und welche Tiere hier in der Altsteinzeit lebten, zeigt ein Informationszentrum etwas südwärts in *Le Thot.* Für Besucher zugänglich sind außerdem die Höhlen von *Font-de-Gaume, Grand Roc, Carpe Diem, Saint-Cirq* und *Les Combarelles.* Das Verkehrsamt in Les Eyzies informiert über die Besichtigungsmöglichkeiten.

Nach der Landpartie wartet in * **Périgueux** (35 500 Einw.) wieder urbanes Leben. Der romanischen Kathedrale ** *Saint-Front,* einer aquitanischen Kuppelkirche, verpasste der Architekt Viollet-le-Duc im 19. Jh. mit Schuppendächern und Türmchen eine allzu orientalische Silhouette. Ein Bummel durch die Altstadt mit einigen, allerdings schlecht erhaltenen römischen Monumenten ist durchaus lohnend.

❶ 26, pl. Francheville, F-24000 Périgueux, ☎ 05 53 53 10 63, 📠 05 53 09 02 50.

Route 6

Austern, Wein und endloser Strand

Die Küste Aquitaniens (ca. 1200 km)

Wasser, Wind und Zeit haben der Atlantikküste alle nur erdenklichen Konturen verliehen. Auf die bizarren Felsformationen im Pays de Retz südlich der Loire-Mündung folgen die amphibische Landschaft der poitevinischen Sümpfe und das größte Austernzuchtgebiet Frankreichs im Mündungsgebiet der Seudre. Zwischen der Gironde und dem Fuß der Pyrenäen erstreckt sich, unterbrochen von dem als Ausflugsgebiet sehr beliebten Bassin d'Arcachon, ein endloser, schnurgerader Sandstrand. Nicht nur für interessante Städte, sondern auch für edle Getränke stehen die Namen Bordeaux und Cognac. Zwei Wochen Zeit sollte man sich für diese Route schon gönnen.

Im *Pays de Retz*, der Halbinsel südlich der Loire-Mündung, trotzen gezackte Felsen dem Atlantik. Es sind dies die Reste des seit 200 Mio. Jahren abgetragenen armorikanischen Urgebirges. Seine Schieferformationen rahmen zwischen der *Pointe de Saint-Gildas* und dem gutbürgerlichen Badeort *Pornic* das besonders dunkelgrüne Wasser der *Côte de Jade*. Auch die flache, teils eingedeichte *Ile de Noirmoutier* erhebt sich, wie alle Inseln Aquitaniens, auf einem solchen Felsen. Eine kurze Brücke verbindet sie mit dem Festland. Bei Ebbe lässt sie sich aber auch etwas abenteuerlicher über eine Straße durch das Watt erreichen. Übrigens: Die Frühkartoffeln von Noirmoutier sind nicht nur die ersten des Landes, sondern auch besonders schmackhaft und teuer.

Unzählige Kanäle durchziehen den Regionalpark Marais Poitevin

Tour de la Chaîne und Tour Saint-Nicolas sicherten die Hafeneinfahrt von La Rochelle

6

Seite **73**

Durch vornehme Eleganz besticht die Architektur von Biarritz

❶ Quai Jean-Bart, F-85330 Noir-moutier-en-l'Ile, ☎ 02 51 39 12 42, 📠 02 51 39 53 16.

Von *Fromentine* aus verkehren regelmäßig Fähren zur **** Ile d'Yeu**. Man erkundet sie wie alle anderen am besten mit dem Leihfahrrad. An der Südküste thront eine Korsarenburg auf einem Felsenriff, und im Fort de la Pierre-Levée bei Port Joinville war ab November 1945 sechs Jahre lang bis zu seinem Tod der greise Marschall Pétain interniert. Der einst gefeierte Held von Verdun und Staatschef des Vichy-Regimes von 1940 bis 1944 wurde nach der Befreiung Frankreichs wegen Hochverrats verurteilt.

Im Dreieck Les Sables-d'Olonne – La Rochelle – Niort schützt ein Regionalpark den **** Marais Poitevin**. Unzählige Kanäle durchziehen grüne Wiesen und Weideland. Der 15 000 Hektar große *Marais mouillé*, also der feuchte, meeresferne Abschnitt der poitevinischen Sümpfe nimmt im Frühjahr einen Teil des Hochwassers der Sèvre Niortaise und ihrer Zuflüsse auf und gibt sie nach Bedarf über Schleusen an den *Marais désséché* ab. Hier wurden die Küstenmarschen bereits ab dem 11. Jh. trockengelegt. Heute wird im Marais ein einträglicher Gemüseanbau betrieben. Von mehreren Orten aus kann man sich auf flachen Booten durch das von Entengrütze bedeckte Kanalsystem fahren lassen. In *Arçais, Damvix, Coulon, Maillé* und an der Abteiruine von **** Maillezais** werden Kähne mit Stechpaddel oder Stakpinne vermietet. Auch für Touren per Fahrrad, hoch zu Ross oder mit einem Pferdewagen ist der Marais geradezu ideal. Im Naturpark gibt es mehrere Freilichtmuseen.

❶ Rue Daroux, F-85420 Maillezais, ☎ 02 51 87 23 01, 📠 02 51 87 29 10.

Am Nordrand des Marais, in **Nieul-sur-l'Autise**, liegt die bereits 1068 gegründete Abtei *Saint-Vincent* mit einem romanischen Kreuzgang. Angeblich wurde in diesem Dorf Eleonore von Aquitanien geboren, die ihren Besitz

1152 in ihre zweite Ehe mit dem Herzog von Anjou und englischen Herrscher Henri II Plantagenet einbrachte.

Die quirlige Hafenstadt **** La Rochelle** (71 000 Einw.) wuchs um ihren kleinen Felsen, so der Name, vom Fischernest zu einem weltoffenen und wehrhaften Handelsplatz heran.

Schon frühzeitig erkämpften sich Reeder und Kaufleute Privilegien, und 1559 verkündete eine Synode der reformierten Kirchen das Kalvinistische Glaubensbekenntnis von La Rochelle. Den katholischen Königen war die Stadt daher ein Dorn im Auge. Kardinal Richelieu ließ die Glaubensfeste 1627/28 in einer Land- und Seeblockade aushungern. Vom 17. Jh. an machten dann der Import von Gewürzen aus der Karibik und der Sklavenhandel die Stadt wieder reich. Das *Musée du Nouveau Monde* illustriert die Beziehungen zu Nord- und Südamerika und besitzt eine reiche Sammlung indianischer Kultur. Das Ambiente um den *Vieux Port* wirkt sehr südländisch. Die seeseitigen Festungstürme (14. Jh.) sind heute Stadtmuseen. Mit einer schweren Kette konnte dem herannahende Feind die schmale Einfahrt zwischen der *Tour de la Chaîne* und der *Tour Saint-Nicolas* versperrt werden. Von der weiter westlich, einst als Leuchtturm genutzten *Tour de la Laterne* aus gewinnt man einen guten Überblick. In der unvollendeten Kathedrale *Saint-Louis* aus dem 18. Jh. hängen Schiffsmodelle und Votivgemälde der Seeleute. Durch heimische und exotische Unterwasserwelten spaziert der Besucher des **** Aquariums*, wo Haie über ihre Köpfe hinweggleiten.

❶ Pl. de la Petite Sirène, F-17025 La Rochelle, ☎ 05 46 41 14 68, 📠 05 46 41 99 85.

🏨 🏛 St-Jean d'Acre, 4, pl. de la Chaîne, ☎ 05 46 41 73 33, 📠 05 46 41 10 01. Gleich hinter der Hafeneinfahrt, Blick auf Türme, Bootsverkehr und Bummelboulevard. Aufgetischt werden v. a. Fisch und Meeresfrüchte. **Ⓢ**

Die ***Ile de Ré** wird aufgrund ihrer niedrigen, weiß gekalkten Häuser liebevoll *la blanche* genannt, und gilt vielen als die schönste Insel an der französischen Atlantikküste. Auch Neubauten respektieren strikt die Inseltradition. So locken denn auch nicht nur in den Ferienmonaten und an Wochenenden Weingärten und die vielen Sandstrände Besucherströme über die mautpflichtige Brücke. Drüben angekommen, steigt man am besten gleich aufs Fahrrad um, denn nur Radwege und schmale Pfade erschließen die Vogelschutzgebiete. Der Hauptort ****Saint-Martin-de-Ré** (2500 Einw.) gruppiert sich um eine Hafeninsel; nebenan liegt die Zitadelle mit einem winzigen Schlupfhafen.

❶ Av. V.-Bouthillier,
F-17410 Saint-Martin-de-Ré,
☎ 05 46 09 20 06, 🖷 05 46 09 06 18.

Zwischen der Ile de Ré und ihrer größeren Schwester Oléron trotzt die winzige ***Ile d'Aix** mit nur einem Dorf und einer Festung an der Spitze den Wellen. Ins Licht der Weltgeschichte rückte sie, als von hier aus Napoleon nach seiner Abdankung im Juli 1815 von einer englischen Fregatte in die endgültige Verbannung nach Sankt Helena im Südatlantik geschickt wurde. Die letzte Zuflucht des Kaisers ist heute Gedenkstätte. Aix gehörte zum Verteidigungsgürtel des ab 1666 in der Charente-Mündung errichteten königlichen Flottenstützpunkts **Rochefort** (25 500 Einw.). Die auf Befehl des Sonnenkönigs Louis XIV entstandenen Marinebauten bilden heute einen spannenden *Museumskomplex:* Die immense Seilerei, nautische Sammlungen und die einzigartigen, abgestuften Trockendocks sind zu besichtigen.

❶ Av. Sadi-Carnot, F-17300 Rochefort,
☎ 05 46 99 08 60, 🖷 05 46 99 52 64.

Auf halbem Weg zum Austernzentrum Marennes liegt mitten in den Marschen das gut erhaltene Festungsviereck von ***Brouage.** Zwischen 1630 und 1640 als Musterbeispiel der Militärarchitektur errichtet und als schönster Hafen

6

Seite **73**

ROUTE 6

Frankreichs gerühmt, verlandete der kleine Ort und sank in Vergessenheit. Behutsam wird er nun zu neuem Leben erweckt.

Bei **Marennes** liegt landesweit das größte Zuchtgebiet für Austern (S. 77). Es umfasst die Muschelbänke im der Meerenge zur Ile d'Oléron und im tief verzweigten Mündungsgebiet der Seudre. In den Häfen der Nachbarorte *Boursefranc-le-Chapus* und *La Tremblade* kann man die flachen Spezialboote auf Rädern sehen, die auch bei Ebbe bequem die Austernernte einfahren können. In bunt angestrichenen Hütten entlang der Kanäle wird anschließend die fangfrische Ware versandfertig gemacht. Kaum zu glauben, dass 80 % der Landesproduktion aus diesem Zuchtgebiet stammen.

❶ Pl. Chasseloup-Loubat, F-17320 Marennes, ☎ 05 46 85 04 36.

🏠 🍴 **Terminus,** Port de Chapus, ☎ 05 46 85 02 42, 📠 05 46 85 32 39. In unmittelbarer Hafennähe. Die Restaurantküche bietet solide Qualität. Ⓢ

Bekanntlich hatten schon die Römer ein Faible für die Schalentiere und im küstennahen **Saintes** (26 000 Einw.) bekamen sie diese schon damals besonders frisch. Von ihren Bauwerken überdauerten in dem freundlichen Provinzstädtchen am Ufer der Charente der doppelte Bogen des Germanicus, ein Aquädukt, Thermen und Reste eines Amphitheaters die Zeiten. Der Skulpturenschmuck der 1047 geweihten Abteikirche *Sainte-Marie-aux-Dames* zeigt die aquitanische Romanik in Vollendung. Viel später verlief über die nahe Charente-Brücke der Pilgerweg ins ferne Santiago de Compostela in Spanien.

❶ Villa Musso, 62, cours National, F-17100 Saintes, ☎ 05 46 74 23 82, 📠 05 46 92 17 01.

Ein ganz und gar weltliches Wallfahrtsziel unserer Tage ist die Kleinstadt **Cognac** (19 500 Einw.). Selbst König François Iᵉʳ, der hier im *Château des Valois* am Ufer der Charente gebo-

ren wurde, interessiert die Touristenscharen nur am Rand. Sie wollen in erster Linie die riesigen Fasslager der weltberühmten Weinbrandfirmen sehen und erstehen nach der Besichtigung eine Flasche zum Erzeugerpreis. Alle Cognacbetriebe veranstalten je nach Jahreszeit Führungen.

❶ 16, rue du 14-Juillet, F-16112 Cognac, ☎ 05 45 82 10 71, 📠 05 45 82 34 47.

🏠 🏠 **Domaine du Breuil,** 104, av. Daugas, ☎ 05 45 35 32 06, 📠 05 45 35 48 06. Schönes Herrenhaus in einem Park mit geschmackvoll renovierten Zimmern; anspruchsvolle Küche. Ⓢ

So wie der Name Cognac weltweit als Synonym für einen ganz besonderen Weinbrand steht, denkt jeder bei der Nennung von **Bordeaux** (210 000 Einw.) sofort an die Weine der Spitzenkategorie, die im Umkreis dieser Stadt heranreifen und sie reich gemacht haben. Da ihr Handelshafen inzwischen ein Stück flussabwärts verlegt werden musste, löschen viele große Schiffe ihre Ladung bereits bei der Einfahrt in die Gironde, dem Mündungstrichter von Dordogne und Garonne.

Das Zentrum von Bordeaux mit seinen weiten Sichtachsen schufen im wesentlichen zwei königliche Intendanten auf der Struktur der Römerstadt während des 18. Jhs. Am Schnittpunkt der antiken Verkehrsadern beherrscht heute das *Grand Théâtre* wie ein Tempel das einstige Forum. Die rund 5000 Bürgerhäuser, Palais und Residenzen, alle aus Sandstein und von etwa gleicher Höhe, haben die Zeitläufe als Ganzes überstanden. Ein Bummel durch die seit ein paar Jahren weitgehend frisch renovierte Altstadt lohnt sich vor allem zwischen der Fußgängerzone Rue Ste-Cathérine und der sich zur Garonne öffnenden *Place de la Bourse*. Der von der Börse und einem Museum flankierte Platz wurde ab 1730 nach Plänen der Architektenfamilie Gabriel ausgeführt. Über die etwas an eine italienische Piazza erinnernde *Place du Parlement* erreicht man die *Porte Cailhau*, von deren Turm aus sich ein schöner Blick über die Stadt und den sanft geschwungenen Bogen der Garonne bietet. Das großartige ∗ *Musée Aquitaine,* das chronologisch von der frühesten Vorzeit bis zur Gegenwartskultur der Region führt, ist nur eines der sehenswerten Museen der Stadt.

❶ 12, cours du 30-Juillet,
F-33080 Bordeaux,
☎ 05 56 00 66 00, 🖷 05 56 00 66 01.

🏨 **Majestic,** 2, rue Condé,
☎ 05 56 52 60 44, 🖷 05 56 79 26 70.
Neben dem Grand Théâtre, hinter
einer Fassade des 18. Jhs. Ⓢ

🍴 **Le Vieux Bordeaux,** 27, rue Buhan,
☎ 05 56 52 94 36. Man speist köstlich
im gediegenen Ambiente. Ⓢ

Die berühmtesten Weinberge und -schlösser der Umgebung stehen im *Médoc,* einer sanft gewellten Ebene entlang dem Südufer der Gironde. Dort trifft man auf Namen wie *Margaux, Mouton-Rothschild* und *Lafitte.* Ein weiteres bedeutendes Anbaugebiet liegt rund um Saint-Emilion im Osten von Bordeaux, zwischen Dordogne und Garonne. Hier im Gebiet von *Entre-Deux-Mers,* „zwischen zwei Meeren", gedeihen hauptsächlich edle Weißweine.

Die Porte Cailhau in Bordeaux

❶ Maison du Tourisme et du Vin, La Verrerie, Pauillac, ☎ 05 56 59 03 08.

Der lohnende Abstecher nach ∗∗ **Saint-Emilion** (2800 Einw.), wo die Rebstöcke bis dicht an die mittelalterliche Stadtmauer heranreichen, ist nicht nur für den begeisterten Weinkenner allemal einen Umweg wert. Hier gibt es Frankreichs größte, direkt aus dem Stein gehauene Felsenkirche. Anfänglich nur eine Höhle, brachte es die *Eglise monolithe* vom 8. bis zum 15. Jh. immerhin auf drei Schiffe, eine gotische Fassade und einen imposanten Glockenturm. Die Bistros um den intimen, alten Marktplatz sind einladend; Weinläden in den Gassen verführen zu Kostproben.

*Die Eglise monolithe
in Saint-Emilion wurde
in den Felsen hineingebaut*

6

Seite
73

❶ Pl. des Créneaux,
F-33330 Saint-Emilion,
☎ 05 57 24 72 03, 🖷 05 57 74 47 15.

Das klassische Erholungsgebiet der Bordelaiser ist das nahe gelegene **Bassin d'Arcachon**, ein Haff, das von den unterschiedlichsten Orten eingefasst ist. ***Arcachon** (11 800 Einw.) selbst gibt sich populär und fein zugleich, mit einer stillen, vornehmen Villenstadt zwischen hohen Pinien und einem lebhaftsportlichen Teil entlang der südlich gelegenen Meeresfront.

Der schmale Zugang zum Strandsee am *Cap Ferret* ist sensationell: Da wechselt eine große Sandbank, die *Banc d'Arguin,* ständig ihre Form und liefert Nachschub für die **Dune du Pilat,** Europas höchste Wanderdüne, die sich alljährlich um ein paar Meter nach Osten verschiebt. Über 1 Mio. Besucher erklimmen Jahr für Jahr den riesigen Sandberg: 118 m hoch, fast 3 km lang und 500 m breit.

❶ Esplanade Pompidou,
F-33311 Arcachon, ☎ 05 56 83 01 69,
🖷 05 57 52 22 10.

🄐 **Le Reste à Terre,** Port de la Teste,
☎ 05 56 54 60 10. Bietet Austern aus dem hauseigenen Becken an! Ⓢ

Der Atlantikstrand bildet südlich wie nördlich von Arcachon über etliche Kilometer eine schnurgerade Linie. Die Badeorte sind nur durch Stichstraßen zu erreichen. Ein paar nostalgische Bauten aus der Gründerzeit sind architektonische Kontrapunkte an den sonst eher eintönig wirkenden Seepromenaden von **Biscarosse-Plage** und **Mimizan-Plage.** Fast überall wird auf den Brechern der Atlantikdüne gesurft. Windsurfer finden ihr Paradies auf ausgedehnten Dünenseen, Paddler auf den *courants,* von üppigem Grün gesäumten Wasserläufen zwischen den Seen.

Gleich hinter der Küste beginnt mit den *Landes* Westeuropas größtes Waldgebiet. Seit dem späten 18. Jh. gab es Bemühungen, das sumpfige, von Malaria heimgesuchte Gebiet trockenzule-

gen. Doch erst Napoléon III ließ auf dem sandigen und feuchten Grund Kiefern pflanzen. Das Symbol des *Parc Régional des Landes de Gascogne* ist denn auch ein Hirte auf Stelzen, dem in dieser Gegend einst notwendigen und einzigen Fortbewegungsmittel. Heute zeigen Folkloregruppen bei Festen, dass man damit sogar tanzen kann.

Die Strandlinie endet bei *Hossegor-Capbreton.* Zwischen den beiden Ortsteilen mündete einst der Fluss Adour, dessen oft wechselnder Verlauf schließlich vor ***Bayonne** (40 000 Einw.) künstlich fixiert wurde. Die Stadt mit hohen Fachwerkbauten ist Herz und Seele des französischen Baskenlandes (S. 78). Die gotische Kathedrale *Sainte-Marie* lässt an ihre nordfranzösischen Vorbilder denken.

Aus ihren frühen Jahren ist noch der Asylring, ein Türklopfer am Nordportal erhalten. Wer auf der Flucht war, egal aus welchem Grund, war in Sicherheit, wenn er den Ring berührte. Tradition hat das fünf Tage lang dauernde Volksfest, mit dem die Menschen der Region in erster Linie sich selbst und ihre Kultur enthusiastisch feiern.

Eine Enklave ganz eigener Art ist das Seebad ****Biarritz** (29 000 Einw.) zwischen Saint-Jean-de-Luz und Bayonne. Europas Fürstenhäuser gaben sich hier seit Mitte des 19. Jhs. ein Stelldichein in milden Wintern und an lauen Sommertagen. Napoléon III setzte seiner Gemahlin Eugénie eine rosa Residenz auf die Steilküste, Kaiserin Sisi suchte in dieser gepflegten Atmosphäre Trost nach dem Selbstmord ihres Sohnes Rudolf, und Bismarck kam zum Baden hierher. In den wilden zwanziger Jahren waren Charlie Chaplin, Buster Keaton, Arthur Rubinstein und Ernest Hemingway zu Gast. Nun leuchtet die blaue Kuppel der orthodoxen Kirche über einem Jetset, der vor allem die Vielfalt der Golfplätze ringsum preist.

Doch an der *Grande Plage* geht es mit bunten Zelten und Blasmusik erheblich volkstümlicher zu. Der Strand grenzt

Seite
73

im Süden an den winzigen, von Riffen gerahmten *Port des Pêcheurs,* an dem fast jede Fischerbude zu einem quirligen Hafenbistro umfunktioniert wurde. Gebannten Blickes lauern Surfer auf der *Promenade de la Perspective* auf die perfekte Welle.

❶ Square d'Ixelles,
F-64200 Biarritz,
☎ 05 59 22 37 10,
📠 05 59 24 14 19.

Die Dune du Pilat bei Arcachon ist Europas höchste Wanderdüne

Baskischer noch und bunter als Bayonne wirkt nur **★★ Saint-Jean-de-Luz** (13 000 Einw.). Das Ambiente um den Hafen ist reinster Midi, doch die edlen Residenzen ringsum bauten sich Reeder, die ihre Schiffe bis Grönland und Labrador segeln ließen. In einem dieser Palais, der *Maison de l'Infante,* wartete 1660 die spanische Prinzessin Maria Theresia auf ihre Hochzeit mit dem noch blutjungen Louis XIV. Die „Königspforte" der Kathedrale *Saint-Jean-Baptiste* wurde nach der Trauung für immer zugemauert. Der Ort war mehrfach verheerenden Sturmfluten ausgesetzt; nun liegt er sicher im Schutz zweier Molen und eines Wellenbrechers.

Das Haus der Infantin im Hafen von Saint-Jean-de-Luz

❶ Pl. du Maréchal-Foch,
F-64500 Saint-Jean-de-Luz,
☎ 05 59 26 03 16, 📠 05 29 26 21 47.

Ⓗ **Ohartzia,** 28, rue Garat,
☎ 05 59 26 00 06, 📠 05 59 26 74 75.
Gut geführtes Mittelklassehotel in Strandnähe. Ⓢ

Ⓡ **Auberge Kaiku,** 17, rue de la République, ☎ 05 59 26 13 20. In einem Gebäude aus dem 16. Jh. werden vor allem Meeresfrüchte serviert. Ⓢ

Der heilige Berg der Basken ist der 900 m hohe französisch-spanische Grenzgipfel **★ La Rhune.** Der Blick von dort – für den Aufstieg stehen eine Zahnradbahn und kletterfreudige Pottok-Pferdchen zur Verfügung – umfasst das Vorgebirge der Pyrenäen und die Côte Basque mit ihren schroffen Felsen zwischen sanften Hügeln.

Austernzucht

Die besten Austern, die flachen *plates,* sind durch Seuchen fast ausgestorben. Die bauchigen *creuses* oder *portugaises,* beides resistente Arten, kamen aus Japan und Kanada. Sie bedürfen jedoch einer besonderen Behandlung. Zunächst werden die heranwachsenden Jungaustern, die sich z. B. an Holzstämmen oder Schieferplatten festsetzen, zweimal in den Gezeitenparks umgepflanzt, wie es im Fachjargon heißt. Nach 3–4 Jahren kommen sie in *claires,* flache Becken, die Salzgärten ähneln. Dort mästen sie sich an der einzelligen Alge *navicule bleue.* Deren Chlorophyllpigment gibt den *creuses* einen grünlichen Schimmer und nussartigen Geschmack. Als *fines de claires* entzücken sie Gourmets. *Speciales* reifen länger in den *claires.*

6

Seite
73

Route 7

Entlang der Pyrenäen von Meer zu Meer

Vom Baskenland ins Roussillon (ca. 950 km)

Wer die Alpen kennt, wird sich wundern, wie wenig touristisch erschlossen die Pyrenäen noch heute sind. Die französische Nordseite des Grenzgebirges türmt sich über einem sanften Vorgebirge mit grandiosen Spitzen und dramatischen Kesseln auf. Neben den landschaftlichen Reizen dieser Route werden Reisende mit zwei sehr unterschiedlichen Kulturen konfrontiert, der baskischen im Westen und der katalanischen im Osten. Eine Woche sollte man schon für diese faszinierende Bergwelt inklusive der Besichtigungen einplanen, Wanderer brauchen entsprechend länger.

Das in Rotsandstein erbaute Städtchen ***Saint-Jean-Pied-de-Port** (1450 Einw.) zu Füßen der Pyrenäen war schon immer als letzte Station der Pilger auf ihrem Weg nach Santiago di Compostela vor dem anstrengenden Anstieg auf den Ibañeta-Pass an der spanischen Grenze ein wichtiges Etappenziel. Ein altes Hospital und die gotische Kirche, aber auch die vielen gut erhaltenen Häuser aus dem 16. und 17. Jh. bezeugen die einstige Bedeutung des Ortes.

Oben, am Pass von *Roncesvalles*, soll der Ritter Roland im Jahr 778 mit einer Truppe Karls des Großen im Kampf gegen die Basken gefallen sein. Noch ihren Nachkommen scheint der Beweis ihrer Bärenkräfte so wichtig zu sein, dass sie alljährlich im August in **Saint-Palais** während des *Festival de la Force Basquaise* ihre Stärke beim Fällen von Bäumen, Tauziehen und dem Heben gigantischer Steinbrocken messen. Typisch baskisch ist auch das Pelota-Spiel, bei dem ein harter Ball mit einem speziellen Fangschläger gegen eine Wand geworfen und wieder aufgefangen wird. Folglich braucht jeder Ort eine hierfür geeignete Fläche, den *fronton*. Baskenmützen werden natürlich in dieser Gegend noch immer getragen, wenn auch nicht mehr so häufig wie früher. Dafür haben die baskischen *espadrilles* die Welt erobert, leichte Stoffschuhe mit geflochtener Sohle. Sie werden vor allem in *Mauléon-Licharre* hergestellt.

Oloron-Sainte-Marie (11 000 Einw.) ist eine Gründung der Römer. Das romanische ***Portal** der *Kathedrale* (13. Jh.) ließ Gaston, Graf von Béarn und Held des Ersten Kreuzzugs, nach seiner Heimkehr aus Jerusalem aus Pyrenäenmarmor meißeln. Auf der Mittelsäule symbolisieren zwei Atlanten Heiden, die sich nicht bekehren ließen. Die beiden obersten Bögen zeigen das ländliche Leben um Oloron mit Lachsfang und Wildschweinjagd.

Das angenehme Klima von ****Pau** (82 000 Einw.) entdeckten als erste die Engländer. Sie schätzten die Hauptstadt der Grafschaft Béarn vor allem als Winterluftkurort. Die Lage von Pau auf einem Plateau vor der Kulisse der Pyrenäen erschließt sich am besten vom *Boulevard des Pyrénées* aus. Napoleon ließ die Straße der herrlichen Sicht auf die Gebirgsgipfel zuliebe anlegen. Die angrenzende *Place Royale* ziert die Statue von Henri de Navarre, der 1589 als erster Bourbone den französischen Thron bestieg. Die Wiege dieses bedeu-

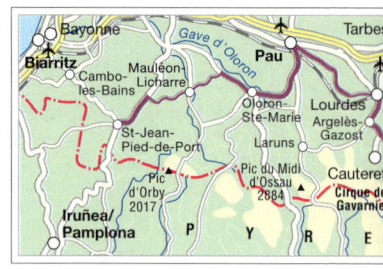

tendsten Sohnes der Stadt, der Rückenpanzer einer Riesenschildkröte, ist im *Schloss* zu besichtigen. Seine erste Frau Marguerite d'Angoulême war die Schwester von François Ier. Sie ließ den Bau umgestalten. Heute ist in seinen historischen Räumen ein Volkskundemuseum eingerichtet.

Das Schlafzimmer von Henri IV im Schloss von Pau

❶ Pl. Royale, F-56000 Pau,
☎ 05 59 27 27 08,
🖷 05 59 27 03 21.

🏠 **Hôtel de Gramont,** 3, pl. Gramont,
☎ 05 59 27 84 04, 🖷 05 59 27 62 23. Elegante Bleibe in einer alten Poststation. Ⓢ

🏠 **Le Viking,** 33, bd Tourasse,
☎ 05 59 84 02 91. Haus in einem Garten, gepflegte Standardküche. Ⓢ

Mit einem Besuch in ***Lourdes** (16 300 Einw.) können ganz unterschiedliche Erwartungen verbunden sein. Allein rund 70 000 Kranke, vor allem Gelähmte, kommen alljährlich in der Hoffnung auf Heilung in den bekannten Marienwallfahrtsort. Insgesamt muss das Städtchen rund 5 Mio. Besucher verkraften. Schon sein riesiger Bahnhof ist für den Ansturm der Pilgerscharen konzipiert. 1858 erlebte die damals vierzehnjährige Müllerstochter Bernadette Soubirous in einer Grotte achtzehn Marienerscheinungen. Außerdem stieß sie auf eine bis dahin unbekannte Quelle, deren Wasser vielen fortan als wundertätig galt. Heute erhebt sich über der *Grotte de Massa-*

Die Kirche Notre-Dame-du-Pont in Saint-Jean-Pied-de-Port

7

Seite **78**

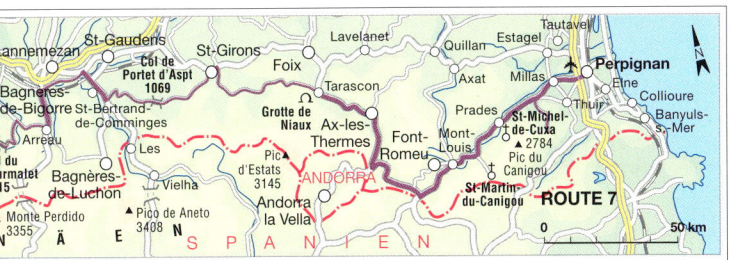

bielle eine neugotische Basilika. Eine benachbarte unterirdische Kirche aus Spannbeton bietet allein bis zu 20 000 Menschen Platz.

❶ Pl. Peyramale, F-65101 Lourdes, ☎ 05 62 42 77 40, 📠 05 62 94 60 95.

Inmitten einer grandiosen Gebirgsszenerie ist der **Cirque de Gavarnie** südlich von Lourdes dem Besucheransturm kaum gewachsen. Die Zufahrtsstraße zu dem tiefen Talkessel, dem eigentlichen *cirque*, endet bereits im Ort Gavarnie, dann führen nur noch Pfade über die drei Absätze der hier deutlich sichtbaren Gebirgsauffaltung zur Kammlinie hinauf. Unzählige Wasserfälle stürzen zu Tal. Der größte, die *Grande Cascade*, die man nur zu Fuß erreicht, ist über 400 m hoch. Auf Mietpferden und -maultieren geht es bis zum Aussichtspunkt hinauf, von wo aus der Blick wirklich atemberaubend ist.

🏨 Le Marboré, ☎ 05 62 92 40 40, 📠 05 62 92 40 30. Kleines Haus mit allem nötigen Komfort. Ⓢ

Einen schwachen Eindruck von den Torturen, die den Radprofi auf dieser Pyrenäenetappe der Tour de France erwartet, vermittelt die bequeme Autofahrt über den **Col du Tourmalet** (2115 m) nicht annähernd. Zu Füßen des *Maladeta-Massivs* mit dem höchsten Gipfel der Pyrenäen, dem spanischen *Pico de Aneto* (3408 m), liegt der kleine Ort **Saint-Bertrand-de-Comminges** (220 Einw.). Dies ist ein Ort, die den Ankommenden nicht unberührt lässt. Wie eine trutzige Gottesburg überragt ihn die Kirche *Sainte-Marie-de-Comminges*. Die romanisch begonnene und gotisch vollendete Kathedrale begeistert einerseits durch ihre Lage andererseits mit einem größtenteils romanischen Kreuzgang. Eine seiner Arkadenreihen ist offen und gibt den Blick auf die Bergwelt frei. Im 1. Jh. n. Chr. soll die Römerstadt übrigens 60 000 Einwohner gezählt haben. Einige ihrer Überreste sind in der bezaubernden Kirche St-Just de Valcabrère im Tal verbaut.

🏨 **Comminges,** Pl. de la Cathédrale, ☎ 05 61 88 31 43, 📠 05 61 94 98 22. Im Dorf, mit Garten. Ⓢ

Herrliche Ausblicke bietet die Fahrt über den **Col de Portet d'Aspet** (1069 m) nach **Foix** (9700 Einw.). Die Grafen von Foix übten zusammen mit dem spanischen Bischof von Urgell die Oberherrschaft über den Zwergstaat Andorra aus, übertrugen ihre Rechte jedoch 1607 an Frankreich. Die bereits im 10. Jh. begonnene Grafenburg beeindruckt noch immer mit ihren drei gewaltigen Türmen. Im großen Saal der Festung zeigt das *Musée Départemental de l'Ariège* u. a. vorgeschichtliche Funde aus den Höhlen der Umgebung. Die berühmteste unter ihnen ist die **Grotte de Niaux** südlich von Foix. Rund 13 000 Jahre alte, sehr gut erhaltene Zeichnungen von Bisons, Pferden, Steinböcken und anderen Tieren bedecken ihre Wände. Das natürliche Relief der Felsen nutzten die Künstler der jüngeren Steinzeit um ihre Bilder plastischer hervortreten zu lassen (🕐 Führungen in der Saison zirka eine Woche vorher anmelden, ☎ 05 61 05 88 37).

Der 2784 m hohe **Pic du Canigou** ist der heilige Berg der Katalanen und das weithin sichtbare Symbol ihrer Einheit. Wie die Basken im Westen siedeln auch die Katalanen im Osten sowohl auf der spanischen als auch auf der französischen Seite der Pyrenäen. Am Abend der Sommersonnenwende tragen die Franzosen eine in Perpignan entzündete Flamme auf den Gipfel des Canigou, wo die Spanier sie erwarten. Erst wenn auf der Höhe ihr gemeinsam entfachtes Johannisfeuer auflodert, ist dies das Zeichen für alle anderen Bergorte bis hin zur Mittelmeerküste, ihre Holzstöße anzuzünden. Unterhalb dieses Bergs wurde im 10. Jh. die Abtei **Saint-Martin-du-Canigou** gegründet, nachdem kurz zuvor in einem nahe gelegenen Tal bei *Prades* das Kloster **Saint-Michel-de-Cuxa** entstanden war. Beide Anlagen wurden im frühen 11. Jh. modernisiert und gehören zu den Gründungsbauten der französi-

7

Seite
79

schen Romanik. Der katalanische Cellist Pablo Casals begründete im Kloster St-Michel-de-Cuxa die noch heute alljährlich gefeierten Kammermusikkonzerte.

ℹ 4, rue Victor-Hugo, F-66500 Prades, ☎ 04 68 05 41 02, 📠 04 68 05 21 79.

🏨 🏨 **L'Hexagone,** Rond-Point de Molitg, ☎ 04 68 05 31 31, 📠 04 68 05 24 89. Empfehlenswertes Mittelklassehotel etwas im Abseits an der Umgehungsstraße. Ⓢ

Die Abtei von Saint-Martin-du-Canigou hoch oben in den Pyrenäen

Der nördliche Vorposten Kataloniens ist ** **Perpignan** (106 000 Einw.), wo bis 1344 die Könige von Mallorca residierten. Ihnen folgte eine katalanische Föderation innerhalb des Königreichs Aragonien. Seit 1659 ist die Stadt französisch. Es sind weniger einzelne, durchaus sehenswerte Bauten, denen Perpignan sein Flair verdankt, sondern vielmehr die Atmosphäre dieser sympathischen Stadt. Innerhalb des Rings der Boulevards, im Gewirr der alten Gassen, auf kleinen Plätzen und schattigen Promenaden verleiten immer wieder Cafés zum Bleiben. So vor der *Loge de Mer,* dem 1397 errichteten Handelsgericht. Besonders einladend sind auch die *Place Arago,* die Gärten der *Zitadelle* und der kleine Park La Miranda hinter *Saint-Jacques.* Vor der gotischen Kirche beginnt alljährlich am Karfreitag die Sanch-Prozession. Die Büßer tragen zu diesem Anlass rote Kutten. Das weitläufige gotische Zitadelle * *Palais des Rois de Majorque* war die Residenz der Könige von Mallorca. Das militäre Bollwerk drum herum legten die Franzosen im 16. Jh. an. Der schönste Teil des Baus ist fraglos die gotische Kapelle Ste-Croix, die dem König vorbehalten war.

ℹ Palais des Congrès, Pl. Lanoux, F-66002 Perpignan, ☎ 04 68 66 30 30, 📠 04 68 66 30 26.

Badefreuden

Zu Füßen der Pyrenäen wetteifern historisch gewachsene Ausflugsorte und aus dem Boden gestampfte Urlaubszentren miteinander um die Gunst der Touristen.

In *Canet-Plage,* dem traditionellen Ausflugsort Perpignans und in *Saint-Cyprien* kommen Wassersportler auf ihre Kosten.

Die Camping-Hochburg *Argelès-Plage* ist dem mittelalterlichen Ort gleichen Namens vorgelagert.

Wer den Spuren der Fauves (s. S. 20), von Georges Braque und Pablo Picasso folgen möchte, fahre nach **Collioure,** wo die Künstler einst in der *Auberge du Templier* zechten und mit ihren damals nicht besonders geschätzten Werken bezahlten. Im nahe gelegenen **Banyuls-sur-Mer** wurde 1861 der Bildhauer Aristide Maillol geboren und, nach einer langen Schaffensperiode in Paris, dort auch im Garten seines bescheidenen Ateliers unter seiner Skulptur *„La Méditerranée"* bestattet.

7

Seite **79**

Route 8

Der sonnige Süden

Languedoc, Provence, Côte d'Azur (ca. 900 km)

Noch immer ist der östliche Midi der Inbegriff des Südens, ein Synonym für Sonne, Meer und eine gemächliche, möglichst genussreiche Lebensart. Auf die Schnelle wird man das alles zwar nicht finden. Doch wo, wenn nicht hier, wird der puren Lust am Dasein so unverhohlen Tribut gezollt? Für die Fahrt durch eine mediterrane, kontrastreiche Landschaft mit einigen der besterhaltenen antiken Monumente, romanischen Kirchen, hervorragenden Museen moderner Kunst und quirligen Städten dürfte ein Zeitraum von einer Woche nicht zu üppig bemessen sein.

In **** Carcassonne** (43 500 Einw.) könnte man meinen, die Zeit sei seit dem Mittelalter stehen geblieben: Schon von weitem präsentiert sich die *Cité,* die Oberstadt, stolz ihren doppelten Mauerring mit insgesamt 38 Türmen. Erst aus der Nähe sieht vieles etwas zu perfekt aus. Louis IX hatte die Festung nach seinem Sieg über die Katharer im 13. Jh. ausbauen lassen, doch mit dem Anschluss des Roussillon an Frankreich verlor das Bollwerk endgültig seine Bedeutung als Grenzposten. Über Jahrtausende versank die Anlage in einen Dornröschenschlaf, aus dem sie erst im 19. Jh. wieder erwachte. Die Cité wurde unter Viollet-le-Duc restauriert und in vielen Teilen wieder hergestellt. Auch wenn diese bereinigte Mittelalterversion nach wie vor umstritten ist, hat sie zweifelsfrei ihren Charme.

❶ 15, bd Camille-Pelletan, F-11012 Carcassonne, ☎ 04 68 10 24 30, 🖷 04 68 10 24 38.

Ⓗ Ⓡ **Dame Carcas,** 15, rue St-Louis, ☎ 04 68 71 37 37, 🖷 04 68 71 50 15. Einige Zimmer in regionalem Stil, Garten auf dem Festungswall. Ⓢ

* Narbonne (46 000 Einw.) rührt momentan mit seiner großen Vergangenheit kräftig die Werbetrommel. Schließlich hatte die Stadt einst einer ganzen römischen Provinz, nämlich der *Gallia Narbonensis,* ihren Namen gegeben. Noch im Hochmittelalter ein bedeutender Handelsplatz, geriet sie seit der Verlandung ihres Hafens ins Hintertreffen, und erst der Weinhandel im vorigen Jahrhundert bewirkte wieder einen gewissen wirtschaftlichen Aufschwung. Heute haben offensichtlich Montpellier und Perpignan die besseren Karten, wenn es darum geht, potente Industrieunternehmen anzulocken.

Der Spaziergang verläuft beiderseits des *Canal de la Robine,* der das Zentrum teilt. Die Kathedrale *Saint-Just* gründet auf den Mauern dreier Vorgängerbauten, die älteste stammt aus der Zeit Kaiser Konstantins des Großen. Den Grundstein der heutigen Kirche schickte 1272 Papst Klemens IV., doch konnte um die Mitte des 14. Jhs. nur

der Chor fertig gestellt werden, Schiff und Westwerk blieben unvollendet. So wirkt der Bau äußerst ungewöhnlich: Vierzehn Kapellen umgeben den dreischiffigen, enorm hohen Innenraum, der im Westen abrupt vor einer Mauer endet. Außen erinnert Saint-Just teilweise noch an eine Festung, allerdings fehlen auch die klassischen Strebebögen der Gotik nicht. Im bischöflichen Palais sind heute das *Musée Archéologique* mit einer umfassenden Sammlung römischer Kunst und das *Musée des Beaux-Arts* untergebracht.

La Cité von Carcassonne ist Mittelalter pur

❶ Pl. Roger-Salengro,
F-11000 Narbonne,
☎ 04 68 65 15 60, 📠 04 68 65 59 12.

* Béziers (7600 Einw.) ging als Ort des grauenvollsten Massakers während der Albigenserkriege in die Geschichte ein. 1209 stürmte das katholische Kreuzfahrerheer die Stadt, die sich geweigert hatte, ihre Mitbürger auszuliefern, die der Katharer-Bewegung anhingen. Danach dauerte es lange, bis sich der Ort wieder erholt hatte. Auch der Wiederaufbau der Kathedrale *Saint-Nazaire* nahm das gesamte 13. und 14. Jh. in Anspruch. Zwischen diesem Sakralbau und den nach dem Erbauer des Canal

Das Rathaus von Narbonne

ROUTE 8

0   50 km

Seite
82

du Midi benannten *Allées Paul-Riquet* erstreckt sich die verwinkelte Altstadt. Interessant sind die technischen Denkmäler des ***Canal du Midi,** der seit 1861 über die Garonne Atlantik und Mittelmeer miteinander verbindet. In Béziers selbst wird die Wasserstraße mittels einer Brücke über den Fluss Orb geführt. Etwas weiter südwestlich sind die *Ecluses de Fonséranes,* eine Kanaltreppe aus acht Schleusenkammern, eine Attraktion.

❶ 29, av. Saint-Saëns, F-34500 Béziers, ☎ 04 67 76 47 00, 🖷 04 67 76 50 80.

Aus dem dunkelgrauen Basaltgestein eines Lavastroms errichteten Griechen die Siedlung *Agathe* im Schutz der heute als *Cap d'Agde* bezeichneten Landzunge.

Der Altstadt ist inzwischen der Ferienort **Agde** am Kap vorgelagert, der in jedem Sommer gut 200 000 Gäste aufnimmt. Das vielfältige Angebot reicht von FKK und Wassersport bis zur Besichtigung der romanischen Kathedrale und des sehr sehenswerten * *Musée de l'Ephèbe,* das nach einer im Hérault gefundenen hellenistischen Bronzefigur benannt ist (🕘 tgl. außer Di 9 bis 16 Uhr).

Über einen schmalen Strandstreifen verläuft die Straße, die das *Bassin de Thau* vom Meer trennt, nach * **Sète** (42 000 Einw.). Die Stadt am Fuß des Mont Saint-Clair wurde erst im 17. Jh. angelegt. Sie besitzt heute nicht nur eine Industriezone inmitten einer fruchtbaren Weinlandschaft, sondern ist auch der größte Fischereihafen Südfrankreichs. Dennoch hat sich das Viertel am alten Hafen noch viel Atmosphäre und Farbe bewahrt. Zu den Sehenswürdigkeiten zählt der Seemannsfriedhof hoch oben auf einer Anhöhe. Hier ruht der Dichter Paul Valéry, der, wie auch der Chansonnier Georges Brassens, in Sète geboren wurde. Schon seit 1666 finden Ende August auf dem Kanal die berühmten *Joutes nautiques* statt. Ziel dieses Wettkampfs ist es, den Gegner mit Hilfe einer Stange von der Platt-

form des angreifenden Boots ins Wasser zu stoßen.

An Gestellen, die wie große Tische aussehen, gedeihen überall mitten im seichten *Bassin de Thau* Austern.

❶ 60, Grand'rue Mario-Roustan, F-34200 Sète, ☎ 04 67 74 71 71, 🖷 04 67 46 17 54.

🏠 🏠 **Grand Hôtel,** 17, quai du Maréchal-de-Lattre-de-Tassigny, ☎ 04 67 74 71 77, 🖷 04 67 74 29 27. Im Zentrum am Canal de Sète. Einrichtung teils noch Empire- oder Kolonialstil, großer Innenhof, solide französische Küche. Ⓢ

Zur Weiterfahrt sollte man eine der Straßen wählen, die nahe der Küste bzw. der ihr vorgelagerten Seen verlaufen. Mit etwas Glück lassen sich dann Flamingos und andere Vögel auf Nahrungssuche in den seichten Gewässern ausmachen.

****Montpellier** (208 000 Einw.) ist nicht nur die Hauptstadt der Region Languedoc-Roussillon, sondern auch beliebt bei Frankreichs studierender Jugend. Die Universität geht auf eine Medizinschule des 12. Jhs. zurück. Nachdem die Stadt hart von den Religionskriegen in Mitleidenschaft gezogen worden war, erlebte sie im 17. Jh. als Verwaltungszentrum des südlichen Languedoc einen Aufschwung. In dieser Zeit wurde auch die dem Sonnenkönig gewidmete *Promenade du Peyrou* angelegt, die als barocke Platzanlage auf dem höchsten Punkt der Stadt gebaut wurde.

Ein wirtschaftlicher Aufschwung ungeahnten Ausmaßes setzte ab 1962 mit der Ansiedlung jener Franzosen ein, die aus den in die Unabhängigkeit entlassenen nordafrikanischen Kolonien zurückkehrten. So präsentiert sich Besuchern heute eine Stadt topmodernen Zuschnitts, die aber zugleich ihre Vergangenheit pflegt. In dem von Studenten belebten Zentrum gibt es eine immense Zahl sehenswerter Palais, überwiegend aus dem 17. Jh., mit interessanten Innenhöfen, und gleich neben der Altstadt liegt das postmoderne Viertel *Antigone*. Bei diesem monumentalen Projekt ließ sich der katalanische Architekt Ricardo Bofill eindeutig von der griechischen Antike inspirieren. Außerdem schuf er ein harmonisches und mit Leben erfülltes Nebeneinander von Verwaltungsbauten und Sozialwohnungen.

Auf der Flucht vor ihren Verfolgern retteten sich die Katharer in ihre Bergfestungen

❶ Triangle Comédie, F-34000 Montpellier, ☎ 04 67 58 67 58, 📠 04 67 58 67 59.

🏨 **Hôtel du Parc**, 8, rue Achille-Bège, ☎ 04 67 41 16 49, 📠 04 67 54 10 05. In einer Residenz aus dem 18. Jh. ist jedes Zimmer einem anderen Maler des 20. Jhs. gewidmet. ⑤

Das Languedoc war noch nicht französisch, als Saint-Louis ein Stück Marschland mit der Absicht kaufte, hier endlich einen eigenen Mittelmeerhafen bauen zu lassen: **∗∗Aigues-Mortes** (5000 Einw.) war geboren. Kaum war die *Tour de Constance* fertig gestellt, da stach der Monarch 1248 mit einer Armada von 1500 Schiffen und 35 000 Mann zum Kreuzzug in See. Beim nächsten erlag der König vor Tunis der Pest. Doch seine Stadt wuchs weiter: Bis ins frühe 14. Jh. war das Mauerviereck mit zwanzig Türmen bestückt. Lange florierte Aigues-Mortes jedoch nicht, denn schon wenig später begann sein Hafen zu versanden. Aus der einstigen Festung wurde ein berüchtigtes Gefängnis. Ein Blick vom Turm bis nach La Grande Motte und auf die Salzberge der Camargue sowie ein Spaziergang auf der Stadtmauer lohnen allemal diesen Abstecher.

∗∗Nîmes (129 000 Einw.) gibt sich in jüngster Zeit bewusst modern mit einem gepflegten, zeitgemäßen Stadtbild. Dazu gehören der *Carré d'Art* mit Bibliothek und Museum zeitgenössischer Kunst von Norman Foster, frisch

Traditionelles Fischerstechen im August in Sète

Die Tour de Constance in Aigues-Mortes

8

Seite **82**

gestylte Plätze mit lebhaften Cafés und dekorativen Brunnen. Ja selbst für eine Bushaltestelle holte man sich den Stardesigner Philippe Stark. Doch letztendlich sind die wahren Touristenmagneten natürlich die hervorragend erhaltenen antiken Bauten der Stadt. Ihre ** *Arena* fasste 24 000 Menschen und war einst für ihre Gladiatorenkämpfe berühmt. Heute finden dort Stierkämpfe statt, und, seit das Amphitheater mit einem mobilen Dach gegen Wind und Wetter ausgestattet wurde, können ganzjährig verschiedene Veranstaltungen durchgeführt werden. Zu Ehren der Enkel des Augustus war die ** *Maison Carrée* erbaut worden, ein Podiumstempel, von dem nur die ihn umgebende Säulenhalle verloren ging. Wer die Ursprünge der Stadt sehen möchte, muss in den *Jardin de la Fontaine* gehen. Der barocke Park wurde um die schon von den Galliern verehrte Quelle des Nemausus angelegt. Mit einem Café unter Schatten spendenden Bäumen ist er ein durchaus empfehlenswerter Platz nach einer Stadtbesichtigung.

Trotz dieser Quelle war Nîmes auf Wasser von außerhalb angewiesen. Die Römer bauten deshalb eine 50 km lange Leitung bis in die Nähe von Uzès. Ihr bekanntester Abschnitt ist der *** **Pont du Gard,** ein dreigeschossiges, 49 m hohes Aquädukt über den Fluss Gard 19 km nordöstlich von Nîmes.

❶ 6, rue Auguste, F-30000 Nîmes, ☎ 04 66 67 29 11, 🖷 04 66 21 81 04.

🏨 **New Hôtel la Baume,** 21, rue Nationale, ☎ 04 66 76 28 42, 🖷 04 66 76 28 45. Komfort unter den Deckenbalken eines Stadtpalais aus dem 17. Jh. Ⓢ

Von gleichem historischem Rang wie Nîmes, jedoch intimer, ist ** **Arles** (52 000 Einw.). Seine römische *Arena* überragt die von der Rhône aus leicht ansteigende Stadt. Dieses Amphitheater war im Mittelalter mit Häusern völlig zugebaut. Erst Prosper Mérimée ließ es, wie auch das Halbrund des *Antiken Theaters,* freilegen. Außerdem blieben

Reste von Thermen erhalten und der *Circus Maximus* vor der Altstadt, der ungefähr zur Hälfte ausgegraben ist. Das neue * *Musée de l'Arles Antique* zeigt großartige Funde, darunter vor allem eine Kollektion frühchristlicher Sarkophage. Sie stammt von Friedhöfen der Stadt, allen voran den * *Alyscamps*. Früher ließ man es sich etwas kosten, auf diesem hoch renommierten, antiken Gräberfeld bestattet zu werden. Bekannt sind die Bilder von van Gogh und Gauguin, die beide die Allee der Sarkophage gemalt haben.

Das im 12. Jh. wie ein römischer Triumphbogen gestaltete Portal der Kirche ** *Saint-Trophime* durchschritt Barbarossa, als er sich hier 1178 zum König von Burgund-Arelate krönen ließ. Zusammen mit dem Kirchenportal von Saint-Gilles in der Camargue gehört es zu den überragenden Werken der provenzalischen Romanik. Die Skulpturen im ** Kreuzgang, den zwei romanische und zwei gotische Galerien bilden, übertreffen die künstlerische Qualität der Portalplastik!

❶ 35, pl. de la République, F-13200 Arles, ☎ 04 90 18 41 20, 🖷 04 90 93 17 17.

🏨 **D'Arlatan,** Rue Sauvage, ☎ 04 90 93 56 56, 🖷 04 90 49 68 45. Grafenresidenz des 15. Jhs. Der Glasfußboden im Eingangsbereich ermöglicht den Blick auf antike Fundamente. Ⓢ⟩

Auf einem Felssporn des nahe gelegenen Mittelgebirges *Alpilles* ragt die Ruine der Burg von ** **Les Baux** in den Himmel. Der Sitz der einst mächtigen Feudalherren bildete ein Zentrum der Troubadourkunst.

Es empfiehlt sich, den überlaufenen Ort frühmorgens oder abends zu besuchen.

Touristisch gesehen ist und bleibt ** **Avignon** (87 000 Einw.) die Stadt der Päpste, auch wenn diese ihr bereits 1377 nach knapp siebzigjährigem Exil den Rücken kehrten. Noch heute ist der *** *Papstpalast* der gewaltigste Bau-

8

Seite **83**

komplex der Altstadt. Die gotische Residenz um zwei Innenhöfe, für die sich immer wieder der Begriff Burg aufdrängt, besteht aus einem älteren, schlichteren und einem jüngeren, prächtigeren Teil. Die Hauptattraktion in dem von der Revolution schwer mitgenommenen Bau sind Fresken in den Palastkapellen und den Privatgemächern der Päpste. Der erste Hof dient seit 1947 dem *Festival d'Avignon* als Bühne und Kulisse. Berühmt wurde der *Pont d'Avignon* durch ein Lied. Die Brücke, von der nur vier Bögen wieder hergestellt wurden, überspannte beide Rhône-Arme hinüber nach Villeneuve-lès-Avignon, wo viele Kardinäle ihre Residenzen hatten. Ihre ältesten Teile gehen ins 13. Jh. zurück, doch handelt es sich beim Großteil der noch erhaltenen Bauteile um eine Rekonstruktion des vorigen Jahrhunderts. Nie hatte einer dieser Flussübergänge längere Zeit der Gewalt der Rhône Stand gehalten, weshalb der letzte vor rund 300 Jahren aufgegeben worden war.

❶ 41, cours Jean-Jaurès, F-84000 Avignon, ☎ 04 90 82 65 11, 📠 04 90 82 95 03.

Ⓗ **Garlande,** 20, rue Galante, ☎ 04 90 85 08 85, 📠 04 90 27 16 58. Kleines Haus in der Altstadt mit gemütlichen Zimmern. Ⓢ

Die Römer bauten die Maison Carrée in Nîmes

Auch für den Pont du Gard zeichnen die Römer als Bauherren verantwortlich

Stierkampf provenzalisch

Neben den spanischen, für das Tier tödlichen Corridas werden in den provenzalischen Städten auch die heimischen Varianten des Stierkampfs gezeigt. Im Gegensatz dazu ist die *Course à la Cocarde* oder *Course camarguaise* für die Menschen allemal gefährlicher als für die Tiere. Mit einer Eisenkralle müssen die *razeteurs* die briefmarkengroße Kokarde, die an einer dünnen, aber sehr reißfesten Schnur zwischen den Hörnern des Stieres befestigt ist, erwischen. Aber auch die Wolltroddeln, die dort zur Zierde hängen, haben ihren Wert in diesem Spiel, das mit einer Grundsumme beginnt. Sie wird während des Spiels je nach Schwierigkeitsgrad per Lautsprecherdurchsage erhöht. Helfer lenken die Aufmerksamkeit des Stiers zuerst auf sich. Erst wenn das Tier zur Attacke übergeht, übernimmt der *razeteur* das Geschehen, wobei ihm allzu oft nur die Flucht vor den spitzen Hörnern mit einem Hechtsprung über die Barrikade bleibt. Der Stier kehrt auf die Weide zurück, bis er, beim nächsten Mal klüger und gefährlicher, wieder in die Arena rast.

8

Seite 83

In Sichtweite der von Paul Cézanne immer wieder gemalten, weißen *Montagne Sainte-Victoire* ist ** Aix-en-Provence** (124 000 Einw.) Treffpunkt einer internationalen Studentenschaft und eine Flanier- und Einkaufsstadt nicht nur für Touristen. Das Zentrum innerhalb der Ringstraße teilt der umtriebige *Cours Mirabeau*. Unter dem dichten Blätterdach seiner Platanen locken einige Caféterrassen, wie z. B. das bekannte „Deux Garçons", zum Verweilen. Von hier aus lohnt sich ein Bummel durch die Gassen der vorwiegend im 17. und 18. Jh. entstandenen Altstadt hinauf zur Kathedrale * Saint-Sauveur*. Mit Resten römischer Fundamente, einem Baptisterium aus dem 5. Jh., spätgotischen, geschnitzten Türflügeln und einer von René d'Anjou gestifteten Altartafel führt sie die ganze Geschichte der Stadt vor Augen.

❶ 2, pl. du Général-de-Gaulle, F-13605 Aix-en-Provence, ☎ 04 42 16 11 61, 🖷 04 42 16 11 62.

🏠 **Les Quatre Dauphins,** 54, rue Roux-Alpheran, ☎ 04 42 38 16 39, 🖷 04 42 38 60 19. An einem stimmungsvollen Platz mit Brunnen. Ⓢ

Als unwirtlich und gefährlich ist **Marseille** (800 000 Einw.) verrufen, was auf die älteste Stadt Frankreichs nicht mehr zutrifft als auf andere Ballungszentren auch. Dafür dürfte die Schönheit ihrer Lage weit über dem Durchschnitt liegen. Sie erschließt sich hoch oben, von der neobyzantinischen Basilika *Notre-Dame-de-la-Garde* aus am besten. Griechen fanden hier einen natürlichen Hafen, etwas weiter landeinwärts gelegen als der heutige *Vieux Port*. Seinen schmalen Eingang bewachen zwei Forts. Am anderen Ende beginnt die einstige Prachtstraße von Marseille, die *Canebière*. Das Altstadtviertel auf der Nordseite des Alten Hafens wird zur Zeit umfassend saniert.

Abgeschlossen sind bereits die Modernisierungsarbeiten auf der Südseite rund um das ehemalige Arsenal. Zu einem Marseille-Besuch gehört selbstverständlich der Genuss einer *Bouillabaisse*, des bekannten Gerichts, das aus mindestens vier verschiedenen Fischsorten und Muscheln besteht und in einem Sud mit Safran gegart wird.

❶ 4, La Canebière, F-13000 Marseille, ☎ 04 91 13 89 00, 🖷 04 91 13 89 20.

🏠 **Les Arcenaulx,** 25, cours d'Estienne-d'Orves, ☎ 04 91 54 77 06. Restaurant und Buchladen, die Küche bietet provenzalische Gerichte. Ⓢ

Entlang der Küste erreicht man nach einer Fahrt durch eine karge, schroffe Landschaft * Cassis* (8000 Einw.) mit seinem kleinen Hafen. Boote fahren von dort aus in die ** Calanques**, fjordartige Minibuchten zwischen weiß schimmernden Kalkfelsen am türkisblauen Meer.

Wo beginnt denn nun eigentlich die Côte d'Azur? Der 1887 geprägte Name meinte nur die kurze Spanne zwischen dem Massif de l'Esterel und den Seealpen. Der Großteil der „Blauen Küste" ist ziemlich steil und fällt schroff zum Meer hin ab. Nachprüfen läßt sich dies leicht während der Fahrt auf der ** Corniche de l'Esterel*, der mit Abstand großartigsten Küstenstraße der Gegend. Nur schade, dass dieser relativ kurze Uferstreifen allzu viele wohlhabende Zeitgenossen anzog, die sich hier mehr oder weniger geschmackvolle Residenzen errichteten.

Inzwischen macht das Geflecht der Schnellstraßen erst unter den Wällen der alten Hügeldörfer Halt und trägt Lärm und Schmutz auch hoch die Berge hinauf. Wen es also weniger an die überlaufene, teils reichlich verbaute Küste zieht, dem sei das stillere Hinterland empfohlen. Dort findet man noch ein wenn auch nicht einsames, so doch ruhigeres Refugium mit interessanten Sehenswürdigkeiten und einer ebenfalls faszinierenden Landschaft.

Als Kontrastprogramm bietet sich die Kongress- und Filmfestspielstadt **Cannes** (69 000 Einw.) an. Interessanter dürfte jedoch ** Antibes** (70 000 Einw.)

8

Seite 83

sein. Sein altes Viertel duckt sich hinter der direkt am Meer gelegenen ** *Burg* der Grimaldi. In der mächtigen Feste mit ihrer herrlichen Terrasse hinterließ Pablo Picasso der Stadt alle Werke, die er während einer seiner glücklichsten Lebensphasen 1946 hier geschaffen hat.

** **Nizza** (342 000 Einw.), das griechische Nikaia, gehörte noch zum italienisch-sardischen Fürstenhaus Savoyen,

Blick auf den Papstpalast von Avignon

als hier um die Mitte des 18. Jhs. Wintergäste aus England den Tourismus neu erfanden. Aus dem Sandweg, den Schotten, Iren und Engländer zu ihren Badeplätzen nahmen, wurde die *Promenade des Anglais,* die mit Autoabgasen angereicherte Flaniermeile von Nizza entlang der Küste. Gleich dahinter liegt der *Cours Saleya* mit seinem farbenprächtigen Blumenmarkt und dem Angebot der Bauern aus dem Hinterland. Mittags, blitzschnell vom Abfall gesäubert, verwandelt sich der Platz bis Mitternacht zur italienischen Piazza, auf der gebummelt, geschaut und getafelt wird. Altstadtgassen und Treppen führen hinauf zum Burgfelsen. Dort oben gibt es längst kein Schloss mehr; Nizza, seine Engelsbucht und der alte Hafen liegen ihm zu Füßen.

Notre-Dame-de-la-Garde hoch über Marseille

Sehenswert sind die Museen der Stadt. Für die monumentalen Bilder zur Bibel von *Marc Chagall* wurde ein eigener Bau errichtet. Den Werken von *Henri Matisse,* der seine letzten Lebensjahre in Nizza-Cimiez verbracht hatte, ist die Ausstellung in einem italienischen Palazzo neben der römischen Arena gewidmet, und das *Musée Chéret* zeigt Strömungen des Impressionismus.

❶ Im Bahnhof, Av. Thiers, F-06300 Nice, ☎ 04 93 87 07 07, 📠 04 93 16 85 16.

🏠 **L'Oasis**, 23, rue Gounod, ☎ 04 93 88 12 29, 📠 04 93 16 14 40. Ruhig, provenzalisch, zwischen Bahnhof und dem Meer. Ⓢ

8

Seite **83**

In der Burg von Antibes werden Werke von Picasso gezeigt

Route 9

Faszinierende Bergwelt

**Durch die Alpen zur Côte d'Azur
(ca. 700 km)**

Einer Berg- und Talfahrt in den Süden gleicht diese Route. Von der Schweiz führt sie durch die grandiose Hochgebirgswelt der französischen Alpen mit Europas höchstem Gipfel, dem Mont Blanc. Weiter geht es durch die nicht minder eindrucksvollen Nationalparks des Vanoise- und Ecrines-Massivs, bevor man auf die von Zitadellen gesäumte Route Napoléon trifft und die Parfumstadt Grasse erreicht. Etwas abseits der Route liegt aber auch das Naturwunder Grand Canyon du Verdon. Die Wandermöglichkeiten abseits der Strecke sind unerschöpflich, die Landschaft legt ein gemächliches Reisetempo nahe.

Den schönsten Zugang zu den französischen Alpen bietet ****Annecy** (50 000 Einw.), das man am einfachsten über die Autobahn Genf–Grenoble erreicht. Inmitten einer Postkartenlandschaft liegt die Stadt an dem ganz von Bergen umgebenen gleichnamigen See und dem Fluss Thiou. Typisch für den alten Ortskern, der weitgehend zur Fußgängerzone erklärt wurde, sind seine Arkadenhäuser. Auf der Insel im Fluss steht seit dem 12. Jh. das *Palais de l'Isle,* dessen Räume heute das Stadtmuseum nutzt.

Und dann ist da unübersehbar der See! Nicht die Wildbäche der umliegenden Höhen sorgen für ausreichenden Wasserzufluss des Lac d'Annecy, sondern eine mächtige Quelle in der Tiefe.

Der faszinierenden Bergwelt kann man sich von diesem Ort aus auf zwei Arten nähern: entweder mit dem Schiff im Rahmen einer Seerundfahrt oder auf

den Passstraßen, die gleich außerhalb der Stadt beginnen. Im zweiten Fall lässt man den See bald unter sich. Rasch werden Schwäne, Windsurfer und Boote zu kleinen Punkten auf der schimmernden Fläche klaren Wassers.

❶ 1, rue Jean-Jaurès,
F-74000 Annecy, ☎ 04 50 45 56 66,
🖷 04 50 51 87 20.

🏨 **Palais de l'Isle,** 13, rue Perrière,
☎ 04 50 45 86 87, 🖷 04 50 51 87 15. Modern, nahe der gleichnamigen Museumsinsel. Ⓢ

🏨 **Auberge de Savoie,** Pl. St-François,
☎ 04 50 45 03 05. Solide Regionalküche im Schatten der gleichnamigen Kirche. Ⓢ

Die Anfahrt zum *****Mont Blanc** (4807 m) erfolgt über das mondäne *Mégève.* ****Chamonix** (9700 Einw.), ein im 12. Jh. von Benediktinern gegründetes Bergdorf direkt am Fuß des Giganten, entwickelte sich zu einem Eldorado für Skiläufer und Bergsteiger. Sogar für das Sommerskifahren sind die umliegenden Schneeflächen und die fast bis zum Ort hinunter reichenden Gletscher erschlossen. Ein Liftsystem trägt bis auf 3800 m Höhe hinauf. Schon 1924 fanden hier Olympische Winterspiele statt.

❶ Pl. Triangle-de-l'Amitié,
F-74400 Chamonix-Mont-Blanc,
☎ 04 50 53 00 24, 🖷 04 50 53 58 90.

🏨 **Beausoleil,** 5 km nordöstlich in Le Lavancher, 60, allée des Peupliers,
☎ 04 50 54 00 78, 🖷 04 50 54 17 34. Schönes Berghotel mit Gipfelsicht. Ⓢ

Auf der italienischen Seite des Mont-Blanc-Massivs entwickelte sich das noch Französisch sprechende Dorf **Courmayeur** etwa gleichzeitig mit Chamonix zu einem Wintersportort.

Ein Liftsystem verbindet beide Orte, und seit 1965 auch ein 12 km langer, mautpflichtiger Straßentunnel. Durch ihn gelangt man südwärts und über den Kleinen Sankt Bernhard (2188 m) wieder nach Frankreich.

*Les Arcs oberhalb von *Bourg-Stain-Maurice* ist für das ausgedehnteste Liftnetz der Alpen bekannt. An einen zusätzlichen Skizirkus bei ***** *Val d'Isère* grenzt der 1963 ins Leben gerufene ****** *Parc National de la Vanoise*. Ausgangspunkte für Bergwanderungen in diesem Gletschermassiv, in dem wieder zunehmend Steinböcke und Gämsen beobachtet werden können, sind u. a. *Tignes* und *Pralognan-la-Vanoise*.

❶ F-73710 Pralognan-la-Vanoise, ☎ 04 79 08 79 08, 📠 04 79 08 76 74.

🏠 🍴 **Le Grand Bec,** ☎ 04 79 08 71 10, 📠 04 79 08 72 22. Am Ortsrand, mit Sicht auf das Vanoise-Massiv, geräumige Zimmer, Freibad. Ⓢ

Am Massif du Mont-Cenis vorbei gelangt man über den *Col du Galibier* (2646 m) und den gleich darauf folgenden *Col du Lautaret* (2058 m) zum zweiten der drei interessanten Nationalparks in den französischen Alpen, dem 1973 gegründeten ****Parc National des Ecrines**. Ausgangspunkt für Autotouren ist *Le Bourg-d'Oisans* (2900 Einw.). Für Wanderungen ins Hochgebirge bieten sich als Basis u. a. *Entraigues* und *La Bérarde* an. Außer Gämsen kann man hier auch Steinadler beobachten.

❶ Quai Girard, F-38520 Le Bourg-d'Oisans, ☎ 04 76 80 03 25, 📠 04 76 80 10 38.

🏠 🍴 **La Forêt de Maronne,** in Châtelard, ☎ 04 76 80 00 06, 📠 04 76 79 14 61. Ruhiger Berggasthof mit Swimmingpool, gute Fernsicht. Die Küche bietet solide Kost. Ⓢ

**Briançon (11 000 Einw.), am Oberlauf der Durance und am Schnittpunkt von vier Tälern, ist mit 1321 m die höchstgelegene Stadt Europas. Bereits Kelten und Römern war die strategische Bedeutung dieses Platzes bewusst, und Marschall Vauban, der Festungsbaumeister des Sonnenkönigs, lieferte wieder einmal die Pläne für eines seiner ausgeklügelten Verteidigungssysteme.

Von der Schönheit des Mont Blanc lässt sich jeder begeistern

9

Seite **91**

❶ 1, pl. du Temple, F-05105 Briançon,
☎ 04 92 21 08 50, 📠 04 92 20 56 45.

Ⓗ Le Cristol, Route de l'Italie,
☎ 04 92 20 20 11, 📠 04 92 21 02 58.
Unterhalb der Zitadelle. Ordentliche
Zimmer. Ⓢ

Die religiöse Bedeutung der malerischen Kleinstadt **✶ Embrun** (5800 Einw.)
lässt sich an der Kathedrale *Notre-Dame du Réal* ablesen. Schon im 4. Jh.
war der Ort Sitz eines Bistums, das sich
bis zum Mittelmeer ausdehnte. An den
Chor aus dem 12. Jh. im Stil der
lombardischen Romanik wurde an diesen Sakralbau im frühen 13. Jh. ein
schlichtes gotisches Schiff angefügt.
Der Bogen des Portals ruht auf zwei rosafarbenen Marmorsäulen, die sich auf
Löwen stützen.

❶ Pl. du Général-Dosse,
F-05200 Embrun, ☎ 04 92 43 72 72,
📠 04 92 43 54 06.

Bei *Gap* trifft die Straße auf die
✶✶ Route Napoléon, die von Cannes bis
nach Grenoble führt. Die 1932 eingeweihte Strecke wurde in Erinnerung an
den Versuch des Exkaisers, nach seiner
Flucht aus der Verbannung von Elba
noch einmal die Macht zu ergreifen, so
benannt. Mit einer zunächst kleinen
Schar ergebener Soldaten marschierte
Napoleon nach seiner Landung am
1. März 1815 in Golfe-Juan bei Cannes
durch die Berge Richtung Paris.

Zunächst war er sich nicht sicher, wie
ihn seine einstigen Untertanen empfangen würden. Ermutigt wurde er
dann durch den jubelnden Empfang in
Gap am fünften Tag. Doch das zweite
Regime des Korsen dauerte nur hundert
Tage. Die gut ausgebaute, mit dem kaiserlichen Adler markierte Gebirgsroute
bildet eine wichtige Alternativstrecke
zur Rhône-Tal-Autobahn.

Ⓗ La Ferme Blanche, Chemin de l'Oratoire an der D 92, F-05002 Gap,
☎ 04 92 51 03 41, 📠 04 92 51 35 39.
In einem Haus aus dem 18. Jh. eröffnen einige Zimmer den Blick auf die
Stadt. Ⓢ

Die Durance begleitet die Route Napoléon bis nach **✶✶ Sisteron** (6600 Einw.),
wo sie die Dauphiné verlässt und nach
einer landschaftlich eindrucksvollen
Passage die Hochprovence erreicht.
Auch die römische Via Domitia nutzte
diesen Durchgang zwischen den steilen
Felswänden. Die vom 11. Jh. an Zug
um Zug errichtete Zitadelle war vor allem während der Religionskriege stark
umkämpft.

❶ Hôtel de Ville, F-04200 Sisteron,
☎ 04 92 61 12 03, 📠 04 92 61 19 57.

Die Route Napoléon wendet sich nun
von der Durance ab. Bei Castellane
empfiehlt sich ein Abstecher zum
✶✶ Grand Canyon du Verdon. Die Fahrt
über die *Corniche Sublime* auf der Südseite oder die Kammstraße auf der
Nordseite ist ein Höhepunkt jeder
Frankreich-Reise. Auf beiden Straßen
bieten Aussichtspunkte immer neue
Blicke auf die imposanten Kalkwände
und die Windungen des Flusses in bis
zu 700 m Tiefe. Unvergessliche Eindrücke lassen sich auch während der
mehrstündigen Wanderung gewinnen,
die bis auf den Grund des Cañons führt.
Kletterer und Kanuten wissen den Verdon auch zu schätzen.

Auch die letzte Etappe von Castellane
in die Parfumstadt Grasse führt durch
eine zwar nicht so dramatische, doch
durchaus reizvolle Landschaft. Vom
Pas de la Faye und dem *Col du Pilon*
aus rückt das Mittelmeer in Sicht.
✶ Grasse (41 000 Einw.) ist jedoch allemal noch einen Halt wert, bevor es auf
kurvigen Straßen hinab zur Küste geht.
Seit dem 16. Jh. entzieht man hier Blütenblättern ihre Duftstoffe. Die hochprozentigen Essenzen sind die Grundlage für die Parfumherstellung.

In Grasse selbst informieren die Firmen
Fragonard, Gallimard und *Molinard*
über die Herstellungsprozeduren und
verkaufen auch eigene Kreationen. In
der Altstadt wird der Blumen- und
Gemüsemarkt auf der stimmungsvollen
Place aux Aires allmorgendlich zu einem Fest der Sinne.

9

Praktische Hinweise von A–Z

Ärzte und Apotheken

Das Netz der Arztpraxen ist auch in der Provinz recht dicht. Im Prinzip werden Mitglieder gesetzlicher Krankenkassen gegen Vorlage des Auslandskrankenscheins E 111 kostenfrei behandelt. Dieser garantiert jedoch keine vollständige Übernahme der Kosten, die Abrechnung kann umständlich sein. Die meisten Ärzte kassieren ohnehin lieber bar.

Es empfiehlt sich deshalb der Abschluss einer zusätzlichen meist preiswerten Reisekrankenversicherung, die auch von den Automobilklubs angeboten wird. Geöffnete Apotheken *(pharmacies)* blinken oft mit einem grünen Neonkreuz, Notdienste werden an der Tür und in den Lokalzeitungen angezeigt.

Diplomatische Vertretungen

Deutschland
Botschaft: 13–15, av. Franklin-D.-Roosevelt, F-75008 Paris,
☎ 01 42 99 78 00, 🖷 01 43 59 74 18.
Konsulat: 34, av. de Iéna,
F-75016 Paris, ☎ 01 42 99 78 00.

Österreich
Botschaft: 142, rue Fabert,
F-75007 Paris, ☎ 01 40 63 30 63.
Konsulat: 12, rue Edmond-Valentin,
F-75007 Paris, ☎ 01 47 05 27 17,
01 47 05 93 40.
Generalkonsulat: 338, av. du Prado,
F-13295 Marseille, ☎ 04 91 77 31 41,
🖷 04 91 16 75 28.

Schweiz
Botschaft und Konsulat: 142, rue de Grenelle, F-75007 Paris,
☎ 01 49 55 67 00, 🖷 01 45 51 34 77.

Einreise

Bürger der Europäischen Union (EU) haben freie Einreise, doch empfiehlt sich die Mitnahme von Personalausweis oder Pass für Verkehrskontrollen.

Außerdem werden Personalpapiere sehr oft bei der Einlösung von Schecks in Hotels und Banken verlangt.

Schweizer müssen weiterhin bei Ein- und Ausreise im Besitz eines gültigen Reisepasses sein.

Feiertage

Neujahrstag, Ostermontag, 1. Mai, 8. Mai (Waffenstillstand 1945), Christi Himmelfahrt, Pfingstmontag, 14. Juli (Nationalfeiertag), 15. August (Mariä Himmelfahrt), 1. November (Allerheiligen), 11. November (Waffenstillstand 1918), 25. Dezember.

Fotografieren

Filmmaterial ist in Frankreich teurer als in anderen Ländern. Manchmal wird in Innenräumen von Museen oder Schlössern eine Gebühr erhoben oder das Fotografieren mit Blitz und Stativ verboten.

Geld

Währungseinheit ist der französische Franc (FF) mit 100 Centimes. Im Umlauf sind Münzen zu 1, 2, 5, 10 und 20 FF, zu 5, 10, 20 und 50 Centimes sowie Banknoten zu 20, 50, 100, 200 und 500 FF.

Per ec-Karte kann man mit PIN-Nummer *(code)* jeweils bis zu 1400 FF aus Geldautomaten *(distributeurs de billets)* ziehen, mit Kreditkarten, die auch von fast allen Tankstellen und den meisten Hotels, Restaurants und Geschäften akzeptiert werden, auch höhere Beträge.

Banken lösen Eurocheques nur noch ungern und nur bei Vorlage des Passes und der ec-Karte ein. Beim Rücktausch von Francs in DM muß man einen geringfügigen Verlust in Kauf nehmen. 1 DM = ca. 3,30 FF (Stand: Nov. 1997).

Informationen

Deutschland
Maison de la France, Broschüren-
bestellung unter ☎ 01 90/57 00 25,
🖷 59 90 61.
Keithstraße 2–4, D-10787 Berlin,
☎ 0 30/2 18 20 64, 🖷 2 14 12 38.

Österreich
Landstraßer Hauptstraße 2 a,
A-1033 Wien, ☎ 01/5 03 28 90,
🖷 7 15 70 61 10.

Schweiz
Löwenstraße 59, CH-8023 Zürich,
☎ 01/2 11 30 85 oder 2 11 30 86,
🖷 2 12 16 44.

Die örtlichen Verkehrsämter in Frank-
reich nennen sich entweder *Office de
Tourisme* oder *Syndicat d'Initiative.*
Die wichtigsten Anschriften sind im
Reiseführer unter ❶ zu finden.

Notruf

Polizei *(police):* ☎ 17; Feuerwehr *(sa-
peurs pompiers):* ☎ 18; Krankenwa-
gen und Notarzt *(S.A.M.U.):* ☎ jeweils
zu Beginn eines Ortsregisters im Tele-
fonbuch *(annuaire).*

Öffnungszeiten

Es gibt kein striktes Ladenschlussge-
setz, die meisten Geschäfte haben wochentags bis 19 Uhr geöffnet, außerhalb der Saison oft mit einer Mittags-
pause. *Bäcker* machen schon um 7 Uhr
auf, selbst sonntags, haben dafür aber
oft montags geschlossen. Die Öffnungszeiten der *Banken* liegen montags
(manchmal dienstags) bis freitags zwischen 9–12 und 14–16/17 Uhr. *Größere
Postämter* (mit blau-gelbem Schild
PTT) sind werktags 9–19 Uhr, samstags
bis 12 Uhr geöffnet. *Staatliche Museen*
sind dienstags meist geschlossen.

Post / Postgebühren

Briefmarken *(timbres)* gibt es bei Post-
ämtern und dort auch an Automaten
sowie in Läden und Bars mit dem Hinweis *Tabac.* Postkarten und Briefe (bis

20 g) innerhalb der EU und in die
Schweiz kosten 3 FF.

Rauchen

In Frankreich gibt es keine Zigaretten-
automaten. Seit 1992 ist das Rauchen
in allen öffentlichen Gebäuden unter-
sagt. Da dies generell auch für Cafés
und Restaurants gilt, haben manche
Besitzer ihre Lokale jedoch schlicht zu
Raucherlokalen erklärt, um keine ge-
sonderten Raucher- und Nichtraucher-
zonen ausweisen zu müssen. Selbst Politiker, Vertreter dieses Gesetzes, haben
zur Toleranz gegenüber den Rauchern
aufgerufen.

Außer in Tabakläden sind Zigaretten
auch in Bars mit dem Tabaksymbol, einer roten stilisierten Zigarre, erhältlich.

Telefonieren

Münzfernsprecher gibt es nur noch
in Bars und öffentlichen Gebäuden
mit dem Hinweis *point-phone.* Für
die zahlreichen Kartentelefone *(cabine)*
kauft man bei der Post oder in einem
Bar-Tabac eine *télecarte* zu 50 bzw.
120 Einheiten *(unités).* Der Billigtarif
im Land gilt werktags von 18 bis 8 Uhr
und samstags ab 14 Uhr bis montags
um 8 Uhr, für Auslandsgespräche
wochentags erst ab 21.30 Uhr. Alle
französischen Telefonnummern sind
zehnstellig und beginnen mit einer
Null, die jedoch beim Anruf aus dem
Ausland wegfällt. Deutschland hat die
Landesvorwahl 00 49, Österreich 00 43
und die Schweiz 00 41. Danach entfällt
die Null der jeweiligen Ortsnetzkenn-
zahl.

Trinkgeld

5–10 % des Rechnungsbetrags werden
von Kellnern trotz des Zusatzes „Servi-
ce inclus" als Trinkgeld erwartet. Meistens lässt man sich genau herausgeben,
um dann den entsprechenden Betrag
auf dem Tisch liegen zu lassen. Auch
im übrigen Servicebereich (Taxi, Hotel,
Fremdenführer) ist ein derartiges
Trinkgeld üblich.

Register

REGISTER

Personenregister

Bildnachweis

Alle Fotos Manfred Braunger außer allover Bildarchiv/Manfred Görgens: 9/1, 89/3; Tom Hönig: 11/1; Uwe Schmid: 37/1; Martin Siepmann: 43/1, 87/1; Apa Publications/George Taylor: 61/2; Archiv für Kunst und Geschichte: 17/1–3; Bildarchiv Steffens/Felix Agel: 49/1; Walter Allgöver: 19/3, 35/2, 51, 57, 91/1; Rudolf Bauer: 69/2; Nigel Blythe: 87/2; Diana Dillmann: 55/2, 61/1; Michael Katlewski: 77/1; Hans Joachim Rech: 45/1, 75/1; Erwin Schick: 79/3; Ralph Rainer Steffens: 19/1, 37/3, 39/1, 41/1, 53/1, 55/1, 59/1, 63/1, 65/1, 71/3, 75/3, 77/2, 79/2; Französisches Fremdenverkehrsamt: 13/3, 37/2, 69/3; Ralf Freyer: 6, 13/2, 21/1, 23/1–2, 25/1, 27/3, 39/2, 67/1, 75/2, 79/1, 81/1, 83/1; Rita Frunzetti: 15/1; Bernd Helms: 35/3; Marlis Kappelhoff: 69/1; Jochen Neu: 33/1; Alphons Schauseil: 7/2, 71/2, 85/1; Jo Scholten: 13/1, 19/2, 23/3, 25/2, 35/1, 41/3, 53/2, 55/3, 65/2, 71/2, 83/2, 85/2–3; Bavaria Bildagentur/Klammet&Aberl: Umschlag (Bild); Superbild/Bernd Ducke Umschlag (Flagge).

Langenscheidt Mini-Dolmetscher

Allgemeines

Guten Tag	Bonjour [bösehur]
Hallo!	Salut! [ßalü]
Wie geht's?	Ça va? [ßa wa]
Danke, gut.	Bien, merci. [bjë märßi]
Ich heiße ...	Je m'appelle ... [sehö mapäll]
Auf Wiedersehen.	Au revoir. [o röwoar]
Morgen	matin [matë]
Nachmittag	après-midi [aprämidi]
Abend	soir [ßoar]
Nacht	nuit [nüi]
morgen	demain [dömë]
heute	aujourd'hui [osehurdüi]
gestern	hier [jär]
Sprechen Sie Deutsch?	Vous parlez allemand? [wu parle almã]
Wie bitte?	Pardon? [pardõ]
Ich verstehe nicht.	Je ne comprends pas. [sehö nö köprã pa]
Sagen Sie es bitte nochmals.	Vous pourriez répéter, s'il vous plaît? [wu purje repete ßil wu plä]
..., bitte.	..., s'il vous plaît. [ßil wu plä]
danke	merci [märßi]
Keine Ursache.	De rien. [dö rjë]
was / wer / welcher	quoi / qui / quel [koa / ki / käll]
wo / wohin	où [u]
wie / wieviel	comment / combien [komã / köbjë]
wann / wie lange	quand / combien de temps [kã / köbjë dö tã]
warum	pourquoi [purkoa]
Wie heißt das?	Comment ça s'appelle? [komã ßa ßapäll]
Wo ist ...?	Où est ...? [u ä]
Können Sie mir helfen?	Vous pouvez m'aider? [wu puwe mäde]
ja	oui [ui]
nein	non [nõ]
Entschuldigen Sie.	Excusez-moi. [äksküse moa]
Das macht nichts.	Ça ne fait rien. [ßa nö fä rjë]

Sightseeing

Gibt es hier eine Touristeninformation?	Est-ce qu'il y a une information touristique ici? [äskilja ün ëformaßjõ turistik ißi]
Haben Sie einen Stadtplan/ein Hotelverzeichnis?	Vous avez un plan de la ville / une liste des hôtels? [wus_awe ë plã dö la wil / ün list des_otäll]
Wann ist das Museum / die Kirche / die Ausstellung geöffnet?	Quelles sont les heures d'ouverture du musée / de l'église / de l'exposition? [käl ßõ les_ör duwärtür dü müse / dö leglihs / dö läksposißjõ]
geschlossen	fermé [färme]

Shopping

Wo gibt es ...?	Où est-ce qu'il y a ...? [u äskilja]
Wieviel kostet das?	Ça coûte combien? [ßa kut köbjë]
Das ist zu teuer.	C'est trop cher. [ßä tro schär]
Das gefällt mir (nicht).	Ça me plaît. / Ça ne me plaît pas. [ßa mö plä / ßa nö mö plä pa]
Gibt es das in einer anderen Farbe / Größe?	Ça existe dans une autre couleur / taille? [ßa äksist dãs_ün otrö kulör / taj]
Ich nehme es.	Je le prends. [sehö lö prä]
Wo gibt es hier eine Bank?	Où est-ce qu'il y a une banque ici? [u äskilja ün bäk ißi]
Ich suche einen Geldautomaten.	Je cherche une billetterie. [sehö schärsch ün bijätöri]
Geben Sie mir 100 g Käse / zwei Kilo Pfirsiche.	Donnez-moi cent grammes de fromage / deux kilos de pêches. [done moa ßã gram dö fromasch / döh kilo dö päsch]
Haben Sie deutsche Zeitungen?	Vous avez des journaux allemands? [wus_awe de sehurno almã]
Wo kann ich telefonieren / eine Telefonkarte kaufen?	Où est-ce que je peux téléphoner / acheter une télécarte? [u äskö sehö pöh telefone / aschte ün telekart]

Notfälle

Ich brauche einen Arzt / Zahnarzt.	J'ai besoin d'un médecin / dentiste. [sehe bösoë dë medsë / dãtist]
Rufen Sie bitte einen Krankenwagen / die Polizei.	Appelez une ambulance / la police, s'il vous plaît. [aple ün äbulãs / la polis ßil wu plä]

Wir hatten einen Unfall.	On a eu un accident. [ő_na ü ẽn_akßidã]
Wo ist das nächste Polizeirevier?	Où est le poste de police le plus proche? [u ä lö post dö polis lö plü **prosch**]
Ich bin bestohlen worden.	On m'a volé. [ő_ma wole]
Mein Auto ist aufgebrochen worden.	On a fracturé ma voiture. [őn_a fraktüre ma woa**tür**]

Essen und Trinken

Die Speisekarte, bitte.	La carte, s'il vous plaît. [la **kart** ßil wu **plä**]
Brot	pain [pẽ]
Kaffee	café [ka**fe**]
Tee	thé [te]
mit Milch / Zucker	au lait / sucre [o lä / **ßük**rə]
Orangensaft	jus d'orange [ßü do**räsch**]
Suppe	soupe [ßup]
Fisch / Meeresfrüchte	poisson / fruits de mer [poasső / früi dö **mär**]
Fleisch / Geflügel	viande / volaille [wjäd / wo**laj**]
Beilage	garniture [garni**tür**]
vegetarische Gerichte	cuisine végétarienne [küisin wesehetar**jänn**]
Eier	œufs [öh]
Salat	salade [ßa**lad**]
Dessert	dessert [de**ssär**]
Obst	fruitsv[früi]
Eis	glacev[glass]
Wein	vin [wẽ]
weiß/rot/rosé	blanc / rouge / rosé [blã / ruseh / rose]
Bier	bière [bjär]
Aperitif	apéritif [aperi**tif**]
Wasser	eau [o]
Mineralwasser	eau minérale [o mine**ral**]
mit / ohne Kohlensäure	gazeuse / non gazeuse [ga**sös** / nő ga**sös**]
Limonade	limonade [limo**nad**]
Frühstück	petit déjeuner [pöti desch**öne**]
Mittagessen	déjeuner [desch**öne**]
Abendessen	dîner [di**ne**]
eine Kleinigkeit	un petit quelque chose [ẽ pöti källkə **schohs**]
Ich möchte bezahlen.	L'addition, s'il vous plaît. [ladißjő ßil wu **plä**]
Es war sehr gut / nicht so gut.	C'était très bon. / Ce n'était pas si bon. [ßeta trä **bő** / ßö netã pa ßi **bő**]

Im Hotel

Ich suche ein gutes / nicht zu teures Hotel.	Je cherche un bon hôtel / un hôtel pas trop cher. [sehö schärsch ẽ bőn_o**täll** / ẽn_o**täll** pa tro **schär**]
Ich habe ein Zimmer reserviert.	J'ai réservé une chambre. [sehe resär**we** ün **schäbr**]
Ich suche ein Zimmer für ... Personen.	Je cherche une chambre pour ... personnes. [sehö schärsch ün schäbr pur ... pär**ßonn**]
Mit Dusche und Toilette.	Avec douche et toilette. [a**wäk** dusch e toa**lätt**]
Mit Balkon / Blick aufs Meer.	Avec balcon / vue sur la mer. [a**wäk** bal**kő** / wü ßür la **mär**]
Wieviel kostet das Zimmer pro Nacht?	Quel est le prix de la chambre par nuit? [käll_ä lö pri dö la **schäbr** par **nüi**]
Mit Frühstück?	Avec petit déjeuner? [a**wäk** pöti desch**öne**]
Kann ich das Zimmer sehen?	Est-ce que je peux voir la chambre? [äskö sehö pöh **woar** la **schäbr**]
Haben Sie ein anderes Zimmer?	Est-ce que vous avez une autre chambre? [äskö wus_awe ün otrə **schäbr**]
Das Zimmer gefällt mir (nicht).	La chambre me plaît / ne me plaît pas. [la schäbr mö **plä** / nő mö plä **pa**]
Kann ich mit Kreditkarte bezahlen?	Est-ce que je peux payer avec une carte de crédit? [äskö sehö pöh **päje** a**wäk** ün kart dö k**redi**]
Wo kann ich parken?	Où est-ce que je peux laisser ma voiture? [u **äskö** sehö pöh lässe ma woa**tür**]
Können Sie das Gepäck in mein Zimmer bringen?	Pourriez-vous apporter mes bagages dans la chambre? [purje wu aporte me ba**gasch** dã la **schäbr**]
Haben Sie einen Platz für ein Zelt / einen Wohnwagen / ein Wohnmobil?	Vous avez de la place pour une tente / une caravane / un camping-car? [wus_awe dö la plass pur ün **tät** / ün karawan / ẽ kãping**kar**]
Wir brauchen Strom / Wasser.	On a besoin de courant / d'eau. [őn_a bösoẽ dö kurã / do]